나도 안희욱처럼
드리블 잘하고 싶다

# 나도 안희욱처럼
# 드리블 잘하고 싶다

안희욱 지음

드리블 스킬 트레이너 안희욱의

프롤로그

# 나는
# 스킬 Skill Trainer
# 트레이너다.

 농구 선수들에게 드리블 기술을 집중적으로 트레이닝하고 있다. 현대 농구에서 그 중요성이 더욱 커지고 있는 드리블은 지속적으로 발전하고 있으며 중요도 또한 높아지고 있는 실정이다. 유튜브와 인스타그램 등 소셜 미디어를 통해 관련 영상이 실시간으로 공유되며 전 세계의 농구 선수들과 지도자 및 스킬 트레이너들이 드리블 기술 개발에 몰두하고 있다.

2013년에 스킬 트레이너(Skill Trainer)라는 새로운 직업을 창직하고 농구 선수들과 함께 드리블 능력 향상을 위해 최선의 노력을 다하고 있다. 선수들과 드리블 기술 트레이닝을 진행해 오면서 체계화시킨 프로그램 및 트레이닝 노하우를 당신에게 전달하고자 한다. 드리블의 기본 동작과 연습 방법, 응용 기술 전반에 대해서 본서를 통해 아낌없이 제공할 것이다.

　　본격적으로 드리블 연습법에 대해 말하기에 앞서, 농구를 처음 만났던 10살 무렵의 경험을 떠올려 본다. 1994년 여름. 당시 초등학생들 사이에서 유행하던 만화의 주인공인 피구왕 통키처럼 전교에서 피구를 제일 잘하고 싶었던 나는 매일 방과 후에 열심히 피구 공을 벽에 던지고 또 던졌다. 여느 때와 다름없이 피구 연습을 하고 집으로 돌아온 나는 TV 화면에서 눈을 떼지 못하고 서 있었다. 주황색 공을 들고 혀를 내민 채로 공중으로 날아오르는 농구 황제 마이클 조던의 플레이 장면을 보고 홀린 듯이 빠져들었던 것이다. '방금 내가 뭘 본거지?' 너무나 궁금했던 나는 명절이라 큰집인 우리

집에 와 계시던 막내 삼촌에게 물어보았다. 세상에서 농구를 가장 잘하는 농구의 신이라는 말에 "농구? 농구가 뭐야?"라고 되물어 보았던 기억이 난다. 피구에만 몰두했던 내가 농구에 관심을 가지게 된 순간이었다. 농구가 너무나 궁금했고 알고 싶었다. 일단, 그 주황색 공부터 구해야 한다는 생각에 방법을 찾아보다가 학교 앞에서 작은 문구점을 운영하시는 이모할머니의 가게 한쪽 편에 걸려 있던 농구공을 발견했다. 실제로 농구공을 본 것은 그때가 처음이었다. 공부 열심히 하라고 나와 동생에게 공책과 연필을 선물해 주시던 이모할머니께서 농구공을 계속해서 쳐다보고 있는 나를 보시고는 "너 그거 가지고 싶니?" 하고 물어보셨다. 나는 조금의 망설임도 없이 "네! 할머니. 저 공 가지고 싶어요!" 하고 대답했다. 그렇게 내 인생의 첫 농구공을 만나게 되었다. 이 글을 읽고 있는 당신도 처음 농구를 만나게 된 순간을 떠올려 보길 바란다.

'나도 마이클 조던처럼 멋지게 농구할 거야!' 설레고 들뜬 마음에 농구공을 만지고, 보고 또 보고, 말 그대로 농구공이 좋아서 싱글벙글했다. 동생이 공 좀 만져보자고 했는데도 거절하고 공을 끌어안고 있었다. 피구는 더 이상 안중에 없었다. 내가 10살이던 당시에는 농구 코트가 지금처럼 주변에 흔하게 설치되어 있지 않았던 시기라 농구공을 가지고 할 수 있었던 것은 볼을 바닥에 튕기는 드리블이 유일했다. 슛을 던질 수 있는 농구 골대도 없었고 피구가 유행이었기에 농구를 아는 친구도 없었다. 그래도 시간 가는 줄 모르고 볼을 계속해서 튕겼다.

그렇게 30년이라는 시간이 흘렀다. 그 시간 동안 드리블에 대해 알게 되고 배우고 익힌 모든 것을 담아 지금 이 글을 쓰게 되었다. 드리블 실력을 향상시키기 위해 책을 펼쳤을 당신에게 도움이 되길 진심으로 바란다.

이제 당신도 안희욱처럼 드리블을 잘할 수 있다.

저자 **안희욱**

C O N T E N T S

**목차**

프롤로그

CHAPTER 5.

# SECRET KEY POINT

에필로그

**부록**   ★ Day/Week

기본 드리블 드릴 세트 200 기록지
Basic Dribble Drill 200 Record

- Day
- Week

CHAPTER **1**

BASIC
SKILL

# 기본 드리블
# 드릴 세트 200
## Basic Dribble Drill Set 200

드리블을 잘하기 위해서는 먼저 자신의 드리블 실력을 체크하는 것이 필요하다. 나의 볼 컨트롤 능력이 어느 정도 수준인지 기본 드리블 드릴 세트 200을 통해 파악할 수 있다. 나아가 훈련 목표를 구체적인 수치로 설정할 수 있게 되고 목표를 달성하기 위해 노력하는 과정을 거치게 된다. 드리블 실력 향상을 위한 첫걸음을 내딛게 되는 것이다. 무작정 오랜 시간 드리블을 반복하는 것만이 실력을 향상시키는 방법이라 생각

BEHIND BACK DRIBBLE

BETWEEN THE LEG DRIBBLE

BETWEEN THE LEG DRIBBLE

FRONT CHANGE DRIBBLE

할 수 있지만 이는 금방 지루함을 느끼게 되고 드리블
을 잘하고 싶다는 의지가 약해짐을 경험하게 된다. 지
속적으로 드리블 훈련에 집중할 수 있도록 나를 이끌어
주는 시스템, 기본 드리블 드릴 세트 200을 소개한다.

　기본 드리블 드릴은 총 4가지 드리블로 구성된다.
몸 앞쪽에서 드리블하는 프론트 체인지 드리블(Front
Change Dribble), 두 다리 사이를 볼이 V 자 형태로 통과
하는 비트윈 더 레그 드리블(Between The Leg Dribble) 오
른쪽 다리와 왼쪽 다리, 몸의 뒤쪽에서 드리블하는 비
하인드 백 드리블(Behind Back Dribble). 이 4가지로 구성
된 드리블 세트이다. 각각의 드리블을 50회씩 나누어
서 드리블하고, 드리블 동작을 수행하는 데 걸리는 시
간을 측정한다. 그리고 측정 기록을 기록지에 항목별로
기입한다.

## SKILL TRAIN Basic Dribble Record

| 드리블 항목 | 구분 | 시간(초) | 시간(초) | 시간(초) | 시간(초) | 시간(초) |
|---|---|---|---|---|---|---|
| **Basic Dribble Drill 200** | Athlete NAME | 1차 | 2차 | 3차 | 4차 | 5차 |
| 프론트 체인지 드리블 | 50회 | 19.41 | 20.35 | 23.14 | 21.13 | 18.99 |
| 비트윈 더 레그 드리블 | 오른 50회 | 12.86 | 16.96 | 12.74 | 13.3 | 9.85 |
| | 왼쪽 50회 | 10.43 | 14.46 | 11.87 | 10.77 | 11.73 |
| 비하인드 백 드리블 | 50회 | 23.15 | 13.26 | 13.1 | 16.17 | 11.16 |
| 기본 드리블 드릴 200 | 200회 | 1분 50초 | 1분 42초 | 1분 20초 | 1분 32초 | 1분 1초 |

드리블 횟수를 세는 방식은 코트 바닥(플로어)에 바운딩 되는 것을 1회로 한다. 스톱워치를 사용하거나 스마트폰 앱을 이용해서 시간을 측정하면 된다.

| 드리블 | 측정방법 |
|---|---|
| 프론트 체인지 드리블 | 50회 완료시간 측정 |
| 비트윈 더 레그 드리블(R) | 50회 완료시간 측정 |
| 비트윈 더 레그 드리블(L) | 50회 완료시간 측정 |
| 비하인드 백 드리블 | 50회 완료시간 측정 |

측정을 진행할 때 특히 신경을 써야 할 부분은 자신이 할 수 있는 최대한 빠른 스피드로 드리블을 해야 한

다는 점이다. 볼 컨트롤이 익숙하지 않거나 처음 드리블을 해보는 사람에게 빠르게 드리블을 해보라고 하면 백이면 백 볼을 놓치게 된다. 실제 경기에서 상대 수비수의 스틸 시도 등의 견제를 극복하기 위해서는 드리블 스피드의 조절 능력이 반드시 필요하다. 즉, 빠른 스피드의 드리블과 느린 스피드의 드리블 모두 가능해야 한다는 말이다. 빠른 스피드의 드리블을 할 수 있는 사람은 당연히 느린 스피드의 드리블을 할 수 있다. 스피드 조절 능력이 있는 것이다. 하지만 느린 스피드의 드리블만 가능한 사람은 빠른 스피드의 드리블을 시도하기 어려워한다. 볼을 놓칠 것 같은 불안한 마음이 들기 때문이다. 이를 극복하기 위해 드리블 연습을 시작하는 지금 볼을 최대한 많이 놓쳐야 한다. 스피드를 점차적으로 빠르게 시도해서 더 많이 놓칠수록 몸이 기억할 수 있는 경우의 수를 많이 만들어 주는 것이다. 볼을 놓치더라도 스피드를 줄이지 않고 계속해서 반복연습 하면 어느 순간 볼이 손에서 빠지는 횟수가 현저히 줄어드는 경험을 하게 될 것이다. 빠른 스피드의 드리블에 나의 몸이 적응했기 때문이다. 이러한 과정을 통해 드리블 능력 향상에 대한 느낌이 어떤지 알게 된다. 자신의 기록을 1초라도 더 줄이고 싶은 마음이 생기는 것이다. 기록이 줄어들면 그만큼 볼을 놓치지 않았음을 확인할 수 있기 때문이다. 기본 드리블 드릴 세트 200은 동기부여 프로그램이자 어떻게 드리블 연습을 해나가야 할지 안내해 주는 역할을 하는 것이다.

측정의 과정을 자세히 살펴보자. 프론트 체인지 드리블을 50회 수행하는 데 걸리는 시간을 측정하고 기록한 후에 비트윈 더 레그 드리블을 측정한다. 오른쪽 다리를 살짝 대각선 앞쪽으로 두고 드리블 자세를 만든다. 볼이 V 자 형태를 그리며 다리 사이를 왕복해서 통과한다. 오른쪽 다리의 측정이 완료되면 왼쪽 다리도 동일하게 자세를 잡고 비트윈 더 레그 드리블 50회를 수행하는 데 걸리는 시간을 측정한다. 마지막으로 비하인드 백 드리블을 50회 측정하고 기록하면 기본 드리블 드릴 세트 200의 세부 항목별 측정이 완료된다. 각각의 드리블 동작이 익숙해지면 4가지 드리블을 한 번에, 멈추지 않고 수행하는 시간을 측정하고 기록한다.

여기까지의 과정을 거치면 기본 드리블 드릴 세트 200
이 완료된다. 드리블 훈련 목표를 설정할 수 있는 기준
이 될 최초의 기록이 만들어진 것이다. 측정에 임하느
라 집중하였을 당신의 모습이 이 글을 쓰는 지금 이 순
간에도 눈앞에 그려지는 것 같다. 이 과정은 흡사 인바
디(Inbody) 측정을 통해 자신의 근육량 및 체지방률 등
신체 전반의 상태를 측정, 확인하고 체지방률 감소나
근육량 증가와 같은 트레이닝 목표를 설정하는 것과 같
다. 이후 3개월 또는 6개월 단위로 변화도를 비교하게
되고 트레이닝 성과를 평가하는 것이다.

현재 나의 드리블 능력에 대한 결과 데이터를 눈앞
에 두고 어떤 생각이 드는가? 기록이 좋은 편인지, 아닌
지 궁금하지 않은가? 볼을 계속 놓쳐서 측정하는 중간
에 그만 멈추고 싶다는 생각이 들지는 않았는지. 여러
생각이 들었을 것이다. 처음부터 잘하는 사람은 극히
드물다. 기록이 말해주는 현재의 드리블 실력을 확인하
고 받아들이면 된다.

기록 데이터를 확인하는 과정과 함께 병행하면 좋을 방법이 하나 더 있다. 바로 영상 분석이다. 요즘은 스마트폰의 카메라가 전문적인 비디오카메라에 버금가는 성능을 자랑한다. 소셜 네트워크 서비스(SNS)의 유행에 맞추어 관련 장비들이 다양하게 출시되어 왔으며 셀카봉이나 휴대용 삼각대를 부담스럽지 않은 가격대에 구입할 수 있다. 접근성이 좋아졌다. 스마트폰의 카메라 앱을 실행하여 삼각대에 거치시킨 다음, 기본 드리블 드릴 세트 200을 실행하는 자신의 모습을 촬영해 보길 바란다. 드리블에 자신이 있고 경험이 많은 사람은 드리블을 하는 자신의 모습이 생각보다 괜찮다고 느끼는 반면에, 처음 드리블을 배우기 시작한 사람이나 경험이 많지 않은 사람은 볼을 많이 놓치고, 볼을 따라 이리저리 왔다 갔다 하는 자신의 모습을 마주하게 되어 실망감을 느낄 수 있을 것이다. 드리블 연습의 필요성을 알게 해주는 효과가 있다. 기록 측정과 영상 촬영을 꾸준히 해나간다면 드리블 실력이 점점 향상되는 즐거움이 찾아올 것이다. 지금 당장 드리블 드릴 세트 200을 실행해 보자.

오늘부터 시작되는 당신의 드리블 능력 향상이 기대되지 않는가? 이제 당신은 드리블 스킬 트레이닝의 세계로 들어온 것이다.

# 프론트 체인지 드리블

Front Change Dribble

드리블 기본 중의 기본인 프론트 체인지 드리블 (Front Change Dribble)에 대해 알아보자. 모든 드리블 동작을 잘 배우기 위해서는 기본자세를 정확하게 숙지하고 몸의 중심을 낮게 잡아서 몸이 흔들리지 않게 만드는 것이 중요하다. 안정적이고 빠른 드리블을 할 수 있는 핵심 비결인 것이다. 프론트 체인지 드리블의 기본자세부터 시작하자.

정면을 보고 바르게 선 상태에서 어깨너비보다 조금 더 넓게 스탠스를 잡고 엉덩이를 낮춰주며 몸 전체의 형태가 삼각형 모양을 이루게 만든다. 이때 발목과 무릎, 허벅지와 허리에 힘을 주어 옆에서 누군가가 손으로 강하게 밀어도 밀리지 않도록 자세를 유지한다. 양손으로 볼을 잡고 몸을 앞쪽으로 살짝 기울여 준다. 자세를 유지한 상태로 프론트 체인지 드리블을 한다. 볼이 바운딩되는 힘을 이용해서 앞으로 기울였던 자세를 지탱하는 것이다. 몸의 중심을 낮게 잡고 드리블 자세를 단단하게 만드는 것이 필수이다.

그다음으로 중요한 것은 볼의 바운딩 지점이다. 프론트 체인지 드리블의 바운딩 지점은 두 다리 사이의 중간 지점이다. 이 중간 지점으로 일정하게 볼을 보낼 수 있는 능력이 중요하다. 주로 사용하는 손의 감각은 다른 손에 비해서 상대적으로 디테일한 볼 컨트롤이 가능하다. 오른손을 주로 사용하는 사람은 왼손보다 오른손을 사용했을 때 좀 더 편안함을 느끼고 볼을 원하는 지점으로 정확하게 보낼 수 있다는 생각을 한다. 왼손을 주로 사용하는 사람은 오른손보다는 왼손을 사용할 때 편안함을 느낀다. 자신이 익숙한 손을 사용하여 미리 정한 드리블 바운딩 지점으로 일정하게 볼을 보낼 수 있도록 연습해야 한다. 처음에는 정확히 보내는 것을 목표로 드리블 스피드를 천천히 한다. 익숙해지면 스피드와 파워를 점차적으로 올려서 볼을 보낸다. 기본 드리블 드릴 세트 200을 설명하며 말했듯이 연습을 할 때마다 기록 향상(시간 단축)을 목표로 해야 지속적이고 즐겁게 훈련할 수 있다. 성취감을 계속해서 느끼며 연습하는 것이 중요한 것이다.

안정적인 드리블을 할 수 있게 만들어 주는 포인트는 몸에 힘을 줘서 자세를 정확히 잡아줘야 한다는 점이다. 자세를 유지한 상태에서 바운딩 지점으로 일정하게 볼을 보낼 수 있도록 최대한 집중해야 하고 특히, 손목 동작에 특별한 비결이 있다. 볼을 보내면서 손목을 꺾어 유지하는 동작을 만들면 힘을 분산시키지 않고 보내고자 하는 지점으로 정확히 보낼 수 있다. 이것은 슈팅을 쏠 때 손목을 꺾어 한동안 유지하고 있는 팔로우 스루(Follow Through) 동작과 같다. 손목을 꺾어주지 않고 볼을 보내면 부채꼴 형태로 힘이 분산되지만, 볼을 보낸 후 반대 손으로 볼이 닿기 전까지 손목을 꺾어주는 동작을 유지하게 되면 한 지점을 향해 집중적으로 힘을 모아주는 효과가 있다. 가장 중요한 것은 프론트 체인지 드리블 동작이 이루어지는 모습을 촬영 영상을 보듯이 생생하게 떠올리는 것이다. 동작에 집중한 상태로 훈련이 진행되기 때문에 훈련의 성과가 좋다는 것을 확인할 수 있었다. 트레이닝을 진행했던 선수들의 평가에 기반한 내용임을 밝히는 바이다.

　　프론트 체인지 드리블의 주요 포인트를 체크하며 50회 드리블을 반복적으로 연습해 보자. 기록 측정과 영상 촬영은 필수다!

# 비트윈
# 더 레그 드리블
## Between The Leg Dribble

비트윈 더 레그 드리블(Between The Leg Dribble)은 프론트 체인지 드리블 자세에서 왼쪽이나 오른쪽 다리 중 한쪽 다리를 앞으로 내밀어 주고 반대편 다리는 축 발 역할을 하며 몸을 안정적으로 지탱한 상태를 만든 다. 이러한 기본자세를 만들고 두 다리 사이를 볼이 V 자 형태를 그리며 강하고 빠르게 왕복하는 드리블이다.

비트윈 더 레그 드리블을 사용하는 이유는 무엇일

까? 프론트 체인지 드리블은 수비수를 정면으로 바라
본 상태에서 드리블이 이루어지기 때문에 수비수의 스
틸에 무방비 상태가 된다. 볼을 지키는 데 있어 다소 어
려움이 있다. 이에 반해 비트윈 더 레그 드리블은 수비
수와 볼 사이에 공격을 하는 나의 몸이 위치하게 되어
드리블이 이루어짐과 동시에 방어자세를 만들게 되는
장점이 있다. 수비수가 볼을 스틸하기 어려운 상황을
만들어 줄 수 있기 때문에 매우 효과적이며 화려한 드
리블이다. 비트윈 더 레그 드리블 자세에 대해 자세히
알아보자.

　프론트 체인지 드리블 기본자세에서 오른쪽 다리를
축이 되는 발로 사용하기 위해 발목에 힘을 주고 지면
을 강하게 밟아준다. 그 상태에서 왼쪽 다리를 대각선
앞쪽 방향으로 위치시켜 런지(Lunge) 자세와 동일한 형
태를 만든다. 프론트 체인지 드리블 기본자세에서 강조
했던 것처럼 몸에 힘을 주고 중심을 낮게 잡아서 안정
적인 상태를 만드는 데 집중한다. 동작을 수행하는 동
안 계속해서 신경을 써야 할 부분이다.

　　비트윈 더 레그 드리블 자세가 만들어졌으면 이제
두 다리 사이로 볼이 V 자를 그리며 통과할 수 있게 드
리블을 시작한다. 바운딩 지점은 프론트 체인지 드리블
의 경우처럼 중앙 지점이 아닌 앞쪽 다리에 좀 더 가까
운 지점으로 정하고 그 지점으로 일정하게 볼을 보낼
수 있도록 노력해야 한다. 볼이 다리 사이를 통과하며
너무 크게 V 자를 그리지 않고 무릎 높이까지만 볼이
올라오도록 드리블해 주는 것이 빠르고 안정적인 비트
윈 더 레그 드리블을 할 수 있는 비결이다. 연습을 통해

드리블 동작이 익숙해지면 점차적으로 스피드와 파워를 올리면서 반복 훈련 해야 한다는 점을 반드시 기억하길 바란다. 비트윈 더 레그 드리블도 주로 사용하는 손목을 꺾어서 유지해 주는 동작을 정확히 해주어야 볼을 원하는 지점으로 지속적으로 보낼 수 있으며 손에서 볼이 빠지는 것을 점차적으로 줄여나갈 수 있게 된다. 한쪽 다리의 비트윈 더 레그 드리블이 익숙해지고 나서 반대쪽 다리의 비트윈 더 레그 드리블도 동일하게 연습해 본다.

이제, 기본 드리블 중에서 가장 난이도가 높은 비하인드 백 드리블(Behind Back Dribble)을 연습할 시간이다. 어려운 드리블이니 긴장하길 바란다. 강한 집중력이 요구될 테니 말이다.

# 비하인드
# 백 드리블

**Behind Back Dribble**

비하인드 백 드리블(Behind Back Dribble)은 선수들도 익히기 가장 어려워하는 난이도가 높은 드리블이다.

몸의 뒤쪽에서 드리블이 이루어지며 손의 감각으로 드리블을 해야 하기 때문에 볼을 놓치기 쉽다. 아무래도 시야에서 볼이 보이지 않기 때문에 불안한 마음이 든다. 과감하게 볼을 보내지 못하는 이유이다. 프론트 체인지 드리블이나 비트윈 더 레그 드리블은 반복 연습을 어느 정도 진행하면 익숙해지게 된다. 이후에는 파워도 강하게 실어서 볼을 보낼 수 있게 되고 스피드를 점차적으로 올리는 것도 가능해진다. 자신감이 생긴 것이다. 정면을 주시하고 프론트 체인지 드리블을 하면 시야에 볼이 살짝살짝 보인다. 볼이 시야에서 벗어나지 않기 때문에 안정적인 드리블이 가능하지만 비하인드 백 드리블은 몸을 좌우로 비틀어서 반쯤 돌아보아야 시야에 볼이 보이기 때문에 불안정한 자세로 드리블을 하게 된다. 이러면 수비수를 상대할 수가 없다. 드리블 파워 또한 약해질 수밖에 없다.

　　비하인드 백 드리블은 심리가 좌우한다. 볼은 손에서 언제든지 놓칠 수가 있다. 계속 시도하고 또 시도해서 볼에 대한 감각이 생길 때까지 반복해야 한다. 볼을 보지 않고도 손에 볼이 감기는 느낌이 들 때까지 연습해야 한다. 특히 중요한 점은 드리블 파워를 줄이지 않고 최대한 강한 파워와 스피드로 볼을 보내야 한다는 것이다. 볼 컨트롤이 익숙하지 않은 상태에서 볼을 보내는 파워를 강하게 하면 손에서 볼이 빠질 것이 분명한데 파워를 올리라는 것인가?

그렇다. 볼을 보내는 파워를 줄이면 안 된다. 당신이 가지는 의문처럼 볼이 사방팔방으로 튕겨져 나갈 것이 예상된다. 실제로 트레이닝을 하면서 많이 보게 되는 장면이다. 그런데 왜 드리블 파워를 강하게 하라는 걸까? 드리블을 잘하려면 볼을 많이 놓쳐야 하기 때문이다. 이건 또 무슨 말인지 황당해할 당신의 모습이 그려진다. 드리블을 잘하기 위해서 책을 펼쳤는데 기껏 한다는 말이 볼을 많이 놓치라니. 당신의 반응이 충분히 이해된다. 트레이닝을 진행한 선수들이 보인 반응과 다르지 않을 것이기 때문이다.

볼이 손에서 빠질 것이 걱정되어 드리블을 약하게 하면 바운딩되어 올라오는 볼의 탄성을 충분히 이용하지 못하게 된다. 이는 다음 동작으로 연결할 수 있는 원동력을 상실하게 만든다. 강하게 지면을 치고 올라오는 힘이 있어야 볼을 받아주는 손으로 정확하게 닿을 수 있다. 그 힘을 안정적으로 받아낼 수 있는 방법은 차차 설명해 나갈 것이다. 손에서 볼을 계속해서 놓치게 되면 어느 순간 신기하게도 몸이, 근육이 기억을 한다는 느낌을 받게 된다. 볼을 놓치는 횟수가 확연히 줄어들었음을 알게 되는 것이다. 비하인드 백 드리블을 계속 연습해도 볼이 손에서 빠지고 측정 기록이 만족스럽지 않아서 실망을 하던 선수가 '많이 놓치면 놓칠수록 그만큼 내 몸이, 내 손이 기억하는 데이터가 쌓여간다.'라고 생각을 하며 포기하지 않고 꾸준히 반복해 나갔다. 1주일간 매일 쉬지 않고 연습을 했다. 결과는 놀라웠다. 비하인드 백 드리블 항목을 수행하는 데 1분 30초 이상 걸리던 기록이 31초 만에 드리블 50회를 수행하는 기록으로 변화된 것이다. 볼이 손에서 빠지는 횟수가 현저히 줄어들었음을 측정하는 현장에 있던 모든 사람이 느낄 정도로 안정적인 비하인드 백 드리블을 수행했다. 역시 꾸준한 노력의 결과는 감동을 가져다준다는 것을 확인한 순간이었다. 당신도 반드시 경험해 보길 바란다.

비하인드 백 드리블을 하는 방법을 자세히 살펴보자. 먼저, 프론트 체인지 드리블과 동일한 자세를 잡는다. 그리고 볼을 가진 팔을 몸 뒤쪽으로 보내면서 두 다

리 사이의 중앙 지점으로 볼을 강하게 보낸다. 주로 사
용하는 손부터 시작하는 것이 힘을 실어 보내기에 유
리하다. 처음에는 볼이 어디로 오는지 감지하기가 다소
어렵지만 반복연습을 통해 볼이 바운딩되어서 올라오
는 지점에 볼을 받아주는 손이 점점 가까워지게 된다.
물론 많은 시행착오가 필요하다. 이때 연속적으로 드리
블이 3, 4회 정도 빠르게 진행되는 그 순간을 잘 기억해
야 한다. 드리블이 잘되는 순간을 계속해서 모아가는
것이다. 반복연습과 기록 측정, 영상 촬영은 늘 당신과
함께하길 바란다. 드리블 실력 향상을 위한 나만의 스
킬 트레이너가 되어줄 것이다.

   나는 비하인드 백 드리블이 드리블 능력의 척도라
고 생각한다. 상상해 보자. 안정적인 자세로 빠르고 강
하게 비하인드 백 드리블을 하면서 자유자재로 시선을
여기저기 줄 수 있는 자신감에 가득 찬 당신의 모습을
말이다.

   지금까지 프론트 체인지 드리블(Front Change Dribble),

비트윈 더 레그 드리블(Between The Leg Dribble), 비하인 드 백 드리블(Behind Back Dribble)을 자세히 알아보았다. 기본 드리블을 익혔으니 이제는 기본과 함께 익혀나가야 할 특별한 드리블 포인트에 대해 설명하고자 한다. 그 첫 번째로 감는 드리블(Twine Dribble)이다.

NEX
2LE
CHAPTER
SKI

# NEXT LEVEL
# SKILL

# 감는 드리블
## Twine Dribble

감는 드리블은 그 이름처럼 원을 그리듯이 반복적으로 볼을 감아주는 드리블을 말한다. 직선적인 드리블이 가장 일반적인 드리블이지만 감는 드리블을 함께 사용한다면 기술을 사용함에 있어 리듬의 변화를 줄 수 있고 수비수의 타이밍을 뺏는 페이크 동작이 이루어지는데 도움이 된다. 감는 드리블로 인해 만들어지는 리듬과 볼이 원을 그리는 과정에서 힘을 모을 수 있는 타이밍이 생기기 때문에 페이크를 강력하게 줄 수 있다. 원심력으

로 인해 볼이 손에서 빠지는 것을 방지해 주며 안정적이
고 스피디하게 드리블 돌파를 할 수 있게 해준다.

   감는 드리블의 중요성을 알게 된 경험이 있었다.
2002년 여름, 고등학교 3학년이었던 나는 스포츠 브
랜드 나이키의 길거리 농구 이벤트에 스텝으로 참여하
였다. 틀에 얽매이지 않는 자유롭고 창의적인 스타일
의 새로운 길거리 농구 퍼포먼스 '힙훕(HipHoop)'을 알리
기 위해 위해 전국의 농구 코트를 다니며 농구 투어를
한 달간 진행하였다. 이후 파이널 대회에서 우승을 차
지하게 되어 스트릿 볼의 본고장 미국 뉴욕에 있는 러
커 파크(Rucker Park)에 방문할 기회가 주어졌다. 비디오
영상으로만 접할 수 있었던 미국의 스트릿 볼러들과 직
접적으로 농구를 해볼 기회가 생긴 것이다. 너무나 설
레는 마음과 궁금함에 밤잠을 설치며 미국으로 출국하
는 날만 기다렸던 기억이 난다. 도착한 첫날부터 충격
적인 경험을 하게 된 나는 지금도 그 당시에 눈으로 보
고 몸으로 직접 경험한 스트릿 볼러의 무브와 리듬감이
생생하게 떠오른다. 드리블의 강약 조절은 물론이고 마

치 춤을 추는 것 같은 리드미컬한 움직임에 매료될 수밖에 없었다. '아… 왜 농구와 힙합 음악이 잘 어울리는지 알겠다.' 음악을 틀지 않고 농구를 했는데 바닥(플로어)에 볼이 바운딩되는 사운드가 힙합 음악의 비트처럼 들리게끔 하는 스트릿 볼러의 드리블이 너무나 인상적이었다. 문제는 드리블 리듬을 일정하게 하다가 한순간에 리듬을 바꾸어 엇박자를 만드는 움직임에 수비 타이밍을 잡기가 너무나 어렵다는 것이다. 타이밍을 잡았다고 생각하면 리듬을 바꾸어 수비를 흔들어 놓는 스트릿 볼러의 능력에 혀를 내두를 수밖에 없었다. 지금도 그렇지만 당시에 나의 주특기는 스피드 드리블이었다. 최대한 빠르게 스피드를 올려서 드리블을 하기 때문에 마치 꽹과리 연주의 하이라이트 순간처럼 빠르고 강하기만 했고 리듬도 일정한 반면, 스트릿 볼러의 드리블은 나와 많이 달랐다. 예측하기 어려운 리듬을 가지고 있는 것은 물론 여유까지 느껴졌다. 수비수의 반응을 유도하고 그 반응에 맞추어 자신의 드리블 리듬을 자유자재로 다룰 수 있다는 자신감에서 나오는 여유인 것 같았다. 부러웠다. 그 리듬을 가지고 싶다는 생각이 숙소로 돌아오는 차 안에서 계속 머릿속을 맴돌았다.

숙소로 돌아온 나는 경기 영상을 보고 또 보았다. 그 움직임을 내 것으로 만들고 싶었기 때문이다. 도대체 어떻게 저런 리듬이 만들어지는 거지? 반드시 그 비결을 찾아내고 싶었다. 일단 드리블 스피드를 빠르게 하다가 느리게 한다는 것은 알겠는데 연결을 부드럽게 하는 방법이 궁금했다. 영상을 계속해서 돌려 보다가 결국에는 발견해 낸 비결이 바로 감는 드리블이었다. 드리블 동작에 변화를 주거나 스피드와 리듬의 변화를 줄 때 감는 드리블을 계속해서 사용하는 장면들을 찾아낸 것이다. 그 순간에 마음속으로 '유레카!'를 외쳤다. 프론트 체인지 드리블에서 비트윈 더 레그 드리블, 비하인드 백 드리블에서 비트윈 더 레그 드리블로의 전환을 물 흐르듯이 자연스럽게 만들어 주는 핵심이라는 사실을 알게 된 나는 그 즉시 밖으로 나가서 적용해 보았다. 직선적이고 빠르기만 한 나의 드리블 스타일에 부드러운 연결과 리듬감을 더할 수 있다는 생각에 기뻤다.

드리블 연결의 핵심 역할인 감는 드리블의 또 다른
장점에 대해 알아보자. 볼이 바운딩되면서 반원을 그리
며 올라오는 높이는 무릎 지점, 허리 지점, 어깨 지점으
로 나눌 수 있다. 볼이 원하는 지점에 왔을 때 감는 드
리블로 인해 만들어진 원심력을 충분히 활용하여 강하
게 낚아채듯이 볼을 잡아서 빠르고 강한 체인지 드리
블로 연결할 수 있다는 것이 장점이다. 감는 드리블이
아닌 직선적인 드리블의 바운딩은 반원을 그리지 않고
직선으로 올라오기 때문에 볼을 강하게 낚아채면 손에

서 볼이 빠지기 쉬우며 힘을 충분히 실을 수 있는 시간
적 여유가 적다는 단점이 있다. 감는 드리블이 원심력
을 만들어 볼이 손에 밀착되는 효과를 가져다주기 때문
에 안정적인 드리블이 가능해진다. 직선이 아니라 원을
그리듯이 감아서 볼을 보내고 바운딩된 볼을 낚아채듯
이 다시 감아 원래의 위치로 가져온다. 이 동작을 반복
하면서 부드럽고 자연스럽게 만드는 것을 목표로 연습
하자. 특히, 볼을 보내는 순간에 힘을 강하게 줘야 탄력
있게 원을 그리면서 몸의 중심 방향으로 볼이 다시 돌
아올 수 있게 된다. 감는 드리블의 크기에 따른 높이와
타이밍의 변화도 반드시 기억하길 바란다.

드리블은 멋있어야 한다. 그래야 당신의 자신감을
상대에게 보여줄 수 있고 효과적인 기술을 구사할 수
있게 된다. 멋있는 드리블은 연습을 통해서만 만들 수
있다. 계속 강조해도 지나침이 없는 말이다.

# 파워
# 드리블

**Power Dribble**

    파워 드리블(Power Dribble)에 대해 알아보자. 힘을 최대한 실어서 볼을 보내면 바닥(플로어)을 강하게 때리면서 빠르게 튀어 오른다. 볼의 스피드와 탄력으로 인해 컨트롤이 쉽지 않음을 알 수 있다.

그러면 왜 드리블 파워를 강하게 해야 하는 걸까? 실제로 경기에 임하게 되면 움직임이 굉장히 많고 계속해서 변하는 상황에 따라 몸의 중심이 이동하게 된다. 몸의 중심을 확실히 잡아서 안정적인 상태를 만들어야 볼에 힘을 강하게 실을 수 있다고 말했다. 하지만 순간적인 움직임이 요구되는 상황에서는 연습이 되어 있지 않으면 충분히 힘을 실어 보내기가 상당히 어렵다. 예를 들어, 강력한 페이크 동작을 한 이후에 반대 방향으로 체인지 드리블을 하는 장면에서 페이크를 준 방향으로 몸의 중심이 이동한 상태이기 때문에 반대 방향으로 볼을 강하게 보낼 수 있는 능력이 필요하다. 드리블의 파워를 올릴 수 있으면 드리블 스피드도 파워만큼 향상되기 때문이다. 수비수의 타이밍을 뺏은 다음 빠른 체인지 드리블로 순간적인 돌파가 가능해진다. 생각만 해도 짜릿하지 않은가?

드리블 파워를 향상시키는 훈련법을 소개한다. 먼저 프론트 체인지 드리블 자세를 만든다. 주로 사용하는 손에 볼을 들고 팔에 힘을 모아서 바닥(플로어)을 향해 최대한 강한 힘을 뿌려주는 느낌으로 바운딩시킨다. 바닥(플로어)을 치고 올라오는 볼의 모습을 인지하고 진행 방향으로 손이 따라가면서 어깨높이에 이르렀을 때 손을 밀착시켜 잡는다. 손이 먼저 다가가 볼을 잡으려고 하면 강한 힘과 부딪히게 되어 볼이 튕겨져 나가는 경우가 많을 것이다. 볼의 힘과 회전력이 약해지는 지점을 기다리는 것이다. 볼의 진행 방향을 따라가며 잡는 것과 동시에 다시 힘을 모아준다는 느낌을 가지면서 강한 힘으로 볼을 눌러서 파워 드리블을 실행한다. 힘을 모았다가 뿌려준다는 것이 핵심이다. 트레이닝을 진행하는 선수들의 경우에 파워 드리블을 해보라고 하면 낮은 드리블 높이와 빠른 템포로 강하게 볼을 보내는 모습을 볼 수 있다. 드리블 높이를 지면과 최대한 가깝게 만드는 이유는 힘을 집중시키기 위해서라고 한다. 현명한 판단이다. 지면에서 멀어지면 그만큼 더 큰 힘이 필요하다는 것을 아는 것이다.

　스킬 트레이닝의 목적은 완전히 새로운 기술만 습득하는 데 있지 않다. 기존에 자신이 가지고 있는 좋은 기술은 더욱 발전시키고 여기에 새로운 기술을 추가해 나가는 것이 이상적인 형태의 트레이닝이라고 생각한다. 파워 드리블의 경우 지면에서 가까운, 낮은 드리블 높이의 파워 향상뿐만 아니라 지면에서 멀어진 상태에서도 강한 힘을 실어 보낼 수 있는 능력을 모두 향상하기 위해 연습하는 것이 중요하다. 지속적인 반복연습을 통해 파워 드리블이 익숙해지면 높낮이를 자유롭게 조절해도 원하는 힘을 볼에 전달할 수 있게 된다. 팔의 힘만으로 볼을 강하게 보낼 수 있는 것이다. 중심 이동이 아무리 많아져도 팔의 힘을 정확하게 사용하는 방법을 익힌다면 언제든지 강력한 파워 드리블을 구사할 수 있다.

# 리듬
# 드리블

**Rhythmic Dribble**

빠르고 강한 드리블을 익혔다면 이제 필요한 드리블은 리듬 드리블(Rhythmic Dribble)이다. 감는 드리블이 만들어 낸 리듬의 변화가 얼마나 강력한 무기가 될 수 있는지 경험한 나는 리듬 드리블에 대한 중요성을 알게 되었다. 리듬 드리블이란 무엇을 의미할까? 드리블을 하면 볼이 바운딩되면서 퉁! 하는 소리가 난다. 힘을 가하는 정도에 따라서 바운딩 소리가 크게 또는 작게 나는 것을 확인할 수 있다. 먼저, 일정한 힘과 반복

적인 타이밍으로 드리블을 시작한다. 퉁!~퉁!~퉁~! 퉁!~ 동일한 힘으로 볼을 보내는 것에 집중해야 한다. 그러면 일정한 박자를 드리블 바운딩 소리로 만들어 낼 수 있다. 마치 힙합(Hiphop) 음악의 비트(Beat)처럼 반복되는 것이다. 이제 이 기본 박자에 변화를 주는 단계가 이어진다. '퉁!~퉁~!탁!!' 일정한 박자 뒤에 이어지는 기존보다 훨씬 강한 드리블 파워로 만들어 낸 소리 '탁!!' 이 박자들을 반복해서 리듬을 만든다.

보다 구체적으로 리듬감을 익히기 위한 방법을 살펴보자. 제자리에 바로 서서 양손으로 볼을 잡아 가슴 앞쪽에 위치시킨다. 한쪽 발을 가볍게 들었다가 바닥(플로어)을 향해 강한 발 구름 동작을 한다. 일정한 간격으로 2회 발 구름 동작을 하고 입으로는 "퉁!~퉁!" 하고 박자를 외친다. 그리고 바로 이어서 볼을 한 손바닥으로 '탁!' 소리가 나도록 강하게 쳐서 박자를 만든다. 계속해서 반복하여 리듬을 만들어 간다. 리듬이 익숙해지면 본격적으로 드리블과 리듬을 맞춰보는 연습을 해보자. 드리블 파워를 박자의 강약에 맞춰 구분하여 주면 드리블 바운딩 소리만으로도 리듬이 만들어지는 것을 확인할 수 있다. 프론트 체인지 드리블을 2회 진행하며 박자를 만들어 낸다. 그리고 이어지는 체인지 드리블 파워를 최대한 강하게 하여 박자를 구분하여 준다. 프론트 체인지 드리블만으로 리듬을 만드는 것이 익숙해지면 다음 단계는 프론트 체인지 드리블 2회, 비트윈 더 레그 드리블 1회를 진행하여 리듬을 만들어 본다. 특히, 비트윈 더 레그 드리블 스피드를 빠르게 해야 이어지는 박자를 맞출 수 있다는 점을 기억하길 바란다. 점점 단계를 올려가며 연습하는 것이 필요하다. 마지막 단계는 만들어 낸 드리블 리듬에 맞춰서 앞, 뒤, 좌, 우 방향으로 움직임을 가져가면서 프리스타일 드리블(기본 드리블과 감는 드리블, 리듬 드리블을 조합하여 자유롭게 형식에 구애됨이 없이 구사하는 드리블을 말한다)을 시도해 본다. 가장 난이도가 높은 연습 단계이다. 프리스타일 드리블의 타이밍은 사람마다 다르기 때문에 자신의 드리블을 박자에 맞추기 위해 집중하고 드리블 스피드를 급격히 올려야 하는 순간도 있음을 인지해야 한다. 이러한 연습을 통해 리듬 드리블을 구사할 수 있게 되면 엇박자를 만들어 내는 수준까지 도달할 수 있다. 엇박자를 드리블에 적용하면 정말 막기가 어렵다. 직접 겪어보니 정말 그렇다. 일정한 드리블 리듬을 사용하여 수비수를 서서히 나의 리듬에 적응시킨 다음 순간적으로 엇박자 드리블을 구사하여 수비수의 타이밍을 뺏는다. 그 순간을 지켜본 사람들의 입에서는 "와우!" 하는 탄성이 저절로 흘러나온다. 스트릿 볼러가 나에게 선사한 그 순간을 잊지 못한다. 리듬 드리블을 당신의 기술로 만들어 사람들의 탄성을 이끌어 내길 바란다. 농구는 음악이니까!

# 멈춤 동작

Freeze

감는 드리블, 파워 드리블, 리듬 드리블 이 3가지 핵
심 요소와 함께 익혀야 할 동작 3가지가 더 있다. 멈춤
동작, 점프 스텝, 업 앤드 다운 동작이다. 이 3가지 동작
은 기술을 완성시키는 데 있어 도움이 되는 카운터 스
킬(결정적인 한 방을 의미한다. 권투의 카운터 펀치와 동일한 의미이다)
이기에 반드시 익혀두길 바란다. 드리블과 드리블 중간
중간에 적용할 경우 페이크 효과를 극대화 시켜주기 때
문이다. 먼저, 멈춤 동작(Freeze)은 명칭이 의미하는 것

처럼 특정 동작을 취한 상태에서 순간적으로 멈춰주는
것을 말한다.

　멈춤 동작을 적용한 순간에는 시간이 정지한 것처
럼 느껴질 정도로 작은 움직임도 없이 그대로 멈춰준
다. 몸 전체에 힘을 강하게 줘서 동작의 흐름을 일시적
으로 끊어주는 것이다. 이는 수비수의 반응을 즉각적으
로 가져오는 핵심 페이크 동작이 된다. 수비수는 공격
수의 움직임을 집중해서 보고 예측 수비를 펼친다. 드
리블 동작의 흐름에 따라 적합한 대응을 하기 위해 촉
각을 곤두세우는 것이다. 이러한 수비수의 예측에 균열
을 일으킬 수 있는 가장 효과적인 기술이다. 동작의 흐
름이 갑자기 멈추기 때문에 수비수가 움찔하며 수비 리
듬이 끊어지게 된다. 물론 많은 연습을 통해 멈춤 동작
을 자연스럽게 구사할 수 있는 수준에 이르렀을 때 가
능한 상황일 것이다. 멈춤 동작은 타이밍이 정말 중요
하다. 드리블을 강하게, 약하게 또는 스피드를 빠르게,
느리게 다양한 변화를 주는 과정에서 수비수의 반응을
확인해 가며 멈춤 동작을 사용할 순간을 찾아야 한다.

드리블을 하면서 시선을 정면으로 향해야 하는 이
유가 된다. 시선 처리에 대해서는 추후에 다시 언급하
겠다. 그러면 멈춤 동작을 연습하기 위해 살펴보아야
할 부분에 대해 알아보자.

처음 이 동작을 연습할 때의 목표는 진행되던 동작
을 정확하게 멈추는 것이며, 미세한 움직임도 없이 완
전히 정지할 수 있도록 여러 번 반복해 준다. 이때 중요
한 것은 천천히 동작을 수행하는 것이다. 그리고 점차
적으로 멈추는 시간을 짧게 가져간다. 멈춤 동작 이후
에 다시 동작을 연결하는 것까지가 연습의 포인트이다.

　멈췄다가 움직이고 다시 멈췄다가 움직이는 이 흐름이 자연스러울 수 있게 해야 수비수의 반응을 이끌어 낼 수 있다는 점을 기억하자. 멈춤 동작 이후에 연결되는 기술은 멈춤 동작과 슈팅, 멈춤 동작과 드리블 앤드 돌파가 있다. 최근 NBA 선수들의 기술을 보면 멈춤 동작으로 짧은 페이크를 줌과 동시에 순간적인 슈팅으로 이어지는 장면을 많이 볼 수 있다. 그만큼 수비수의 타이밍을 뺏는 데 있어 아주 효율적이고 특화된 기술인 것을 알 수 있다. 멈춤 동작을 연습해야 할 충분한 가치가 있는 것이다.

# 점프 스텝

**Jump Step**

점프 스텝(Jump Step)에 대해 배워볼 시간이다. 양 팔을 펼치면 나의 윙 스팬을 측정할 수 있다. 윙 스팬이 길면 농구에 있어서 유리한 점이 많다. 공격의 경우 슈팅 타점이 높기 때문에 수비수가 블로킹을 하기 어렵고 드리블 돌파의 경우 수비수의 스틸에 효과적으로 대응할 수 있다. 수비를 하는 경우에는 스틸과 블로킹에 유리하기 때문에 신장의 크기만큼이나 중요한 스펙이다. 점프 스텝은 윙 스팬보다 더 멀리 신체의 이동이 가능하게 만들어 주는 동작이다. 예를 들면 프론트 체인지 드리블을 하고 있는 상태에서 감는 드리블을 함과 동시에 좌측 혹은 우측으로 돌파 페이크 동작을 시도하는 상황을 떠올려 보자. 팔을 최대한 뻗어주게 되면 나의 윙 스팬 간격만큼만 페이크를 줄 수 있게 된다. 하지만 여기에 점프 스텝을 적용해 주면 거의 2배 가까이 더 길게 돌파 페이크를 줄 수 있게 된다. 점프 스텝을 익히기 위해서는 리듬을 먼저 알아야 한다. 먼저, 비트 윈 더 레그 드리블 기본자세를 만든다. 왼발을 축발로 두고 오른발의 위치를 대각선 방향 앞 쪽으로 둔다. 대각선 방향으로 가볍게 점프를 시작함과 동시에 뒤쪽에 있던 왼발이 오른발이 있던 위치로 이동한다. 그리고는 오른발을 더 앞으로 밀어낸다. 다음으로는 반대쪽 방향으로 몸을 틀면서 점프를 한다. 이때 앞쪽에 놓여 있던 오른발의 위치가 뒤쪽에 있던 왼발을 향해 이동하게 되고 왼발을 반대 방향 대각선 앞쪽으로 밀어낸다. 점프를 하면서 스텝을 교차해 주는 것이 중요하다. 리드미컬하게 스텝을 교차하는 연습이 필요한 것이다. 스텝의 교차 동작이 익숙해지면 이제 볼을 이용한 점프 스텝 단계로 넘어가자. 오른손에 볼을 들고 체인지 드리블을 시작한다. 볼이 바운딩되면서 왼손을 향해 이동하는 순간에 타이밍을 맞춰서 몸을 띄워주는 점프 스텝을 해준다. 오른발이 왼발을 밀어내는 것이 중요하고 밀려난 왼발이 지면에 착지하면 왼손으로 잡은 볼을 다시 반대 방향을 향하여 체인지 드리블을 해준다. 이렇게 좌, 우로 번갈아 가며 여러 번 반복연습해야 점프 스텝의 리듬을 몸에 익힐 수 있다. 점프 스텝의 장점은 드리블의 파워와 몸의 탄력을 이용하여 윙 스팬보다 좌, 우 스탠스를 더 넓게 가져갈 수 있다는 점이다. 이동 범위가 넓다면 그만큼 돌파에 유리한 위치를 선점할 수 있는 것이다. 점프 스텝을 꾸준히 연습해서 몸의 탄력을 충분히 이용하길 바란다.

# 업 앤드
# 다운

**Up & Down**

이번에 살펴볼 동작은 업 앤드 다운(Up & Down) 동작이다. 업 앤드 다운 동작은 몸을 띄웠다가 낮춰주는 동작을 말한다. 감는 드리블을 이용해 볼을 바운딩 시키고 지면을 치고 올라오는 볼의 탄력을 이용해 몸을 띄워주는 동작을 업(Up), 그리고 공격하고자 하는 방향으로 볼을 잡고 있는 손과 몸 전체가 유선형을 그리며 부드럽게 낮아지는 다운(Down) 동작으로 이루어져 있다. 업 앤드 다운 동작은 여러 드리블 기술에 다양하게 사용될 수 있다. 특히, 페이크를 주기 위해 멈춤 동작을 적용하기 직전에 사용하면 기술의 효과가 극대화됨을 느낄 수 있다.

지금까지 실전 기술을 익히기 전에 반드시 알아야 할 기본 드리블과 핵심 동작들에 대해 자세히 살펴보았다. 지속적으로 반복연습하고 기록해 나가자. 드리블 실력이 높아진다고 해서 기본을 게을리해서는 안 되며 항상 초심을 떠올리길 바란다. 계속해서 드리블의 기본기를 연습한다는 것이 생각보다 쉽지 않겠지만 처음의 마음을 다시금 떠올릴 수 있게 만들어 주는 시스템은 아주 중요하다. 기본 드리블 드릴 세트 200의 기록 데이터와 핵심 동작들을 연습하는 모습이 담긴 영상 자료들이 당신의 든든한 시스템이 되어 함께할 것이다. 이제부터는 실전 기술에 들어갈 차례다. 준비되었는가? 가볍게 기본 드리블 드릴 세트 200으로 몸부터 풀고 오라. 준비 운동은 모든 운동에 있어 필수니까.

CHAPTER 3

PRACTICAL
SKILL

# 크로스오버
# 드리블
## Crossover Dribble

　　대표적인 돌파 기술인 크로스오버 드리블(Crossover Dribble)에 대해 배워볼 시간이다. 기본을 익히느라 고생 많았을 당신의 드리블이 한 단계 더 업그레이드될 순간이 왔다. 기대해도 좋다. 정말 멋진 기술을 익히게 될 거니까.

　　크로스오버 드리블은 한 쪽 방향으로 돌파를 할 것처럼 페이크 동작을 해서 수비수의 반응을 이끌어 내고

그 순간 빠르고 강한 체인지 드리블로 방향을 전환하여
돌파하는 강력한 기술이다. 드리블 스피드와 파워, 타
이밍을 자유자재로 다룰 수 있으면 알고도 막기가 어
려운 기술이다. 미국 프로농구 NBA 선수들의 다큐멘터
리 영상을 보면 프로선수가 되기 전에 길거리 농구를
하면서 여러 가지 기술을 익혀왔다는 이야기를 자주 접
하게 된다. 다양한 기술 중에서도 크로스오버 드리블을
가장 먼저 배운다는 것을 알 수 있었다. 심플하지만 파
괴력이 있고 보는 이로 하여금 탄성을 자아내는 멋진
기술이기 때문이다. 자! 그럼 이 기술을 자신의 대표적
인 기술로 만든 세계적인 농구 선수 2명의 크로스오버
드리블에 대해 자세히 말하고자 한다. 팀 하더웨이(Tim
Hardaway)와 앨런 아이버슨(Allen Iverson)이다. NBA 명예
의 전당에 헌액될 만큼 레전드 선수들이며 포지션은 두
선수 모두 포인트 가드이다. 다른 포지션에 비해 볼 소
유 시간이 월등히 많으며 능숙한 볼 컨트롤 능력이 필
요하다. 하더웨이와 아이버슨은 드리블 기술에 강점을
가진 플레이 스타일이 특징이었다. 조던처럼 되고 싶어
서 농구를 시작했지만 키가 크지 않은 나는 자연스럽게

두 선수의 플레이 스타일에 관심을 가지게 되었다. 특히 화려한 드리블에 매료된 것이다. 롤 모델이 있다는 것은 중요하다. 기술을 어떤 상황에서 어떻게 사용하는지 확인할 수 있기 때문이다. 가장 확실한 지침서가 되는 것이다. 당신도 롤 모델이 되는 플레이어를 찾길 바란다. 이제 두 선수가 구사한 킬러 크로스오버 드리블을 자세히 알아보자.

기술의 이름에서 특이한 점이 있다. 크로스오버 앞에 '킬러'라는 이름이 붙는다. 그 이유는 크로스오버 드리블을 사용할 줄 알면서도 막을 수 없기 때문에 이러한 수식어가 붙었다고 한다. 그만큼 많은 사람들에게 인정되는 기술이라고 할 수 있다. 기술의 명칭은 킬러 크로스오버 드리블로 동일한데 동작에서 조금 차이가 난다.

먼저, 팀 하더웨이의 킬러 크로스오버 드리블이다. 하더웨이 드리블의 특징은 한마디로 표현하자면 슬로우 앤드 퀵이다. 포인트 가드로서 하프 코트를 스피디하게 넘어오면서 3점 라인에 가까워지면 팀원들의 움직임과 위치를 파악하기 위해 스피드를 서서히 줄인다. 슬로우 파트인 것이다. 하프 라인을 넘어오는 과정에서 이루어지는 드리블 스피드의 자연스러운 변화와 포인트 가드의 역할인 전체적인 코트 밸런스의 조절을 위해

상체를 살짝 들어주는 것이 아주 중요하다. 수비수의 경계를 느슨하게 풀어지도록 유도하는 동작이기 때문이다. 수비수는 일정한 거리를 두며 디펜스 자세를 낮게 잡고 있다가 공격수가 달려오던 스피드를 줄이면서 상체를 서서히 들어주는 동작을 보고 경계 자세를 조금 풀게 되는 순간이 포착된다. 이 순간을 놓치지 않고 최대한 빠르고 낮은 비트윈 더 레그 드리블을 하며 순식간에 수비수를 돌파한다. 레이업 슛으로 연결하여 득점을 하거나 패스로 팀원의 득점을 유도한다. 이것이 팀 하더웨이의 킬러 크로스오버 드리블이다. 너무나 멋진 타이밍과 눈 깜짝할 사이에 전개되는 예술적인 움직임에 수비수는 물론이고 플레이를 본 모든 사람으로 하여금 "와아!" 하는 탄성이 나온다. 한창 전성기 시절의 플레이를 본 동료 선수들은 돌파가 이루어지기 바로 직전의 기술인 비트윈 더 레그 드리블 순간을 "Boom!"이라고 소리 내어 감탄을 표현했다. 순간 폭발력이 엄청나기에 붙은 표현이라고 한다. 이 기술을 연습할 때 가장 중요한 것은 슬로우 파트에 힘을 최대한 모았다가 퀵 파트에 빠르고 강력한 비트윈 더 레그 드리블을 할 수 있게 집중해야 한다는 것이다. 한순간에 모든 것을 집중시킨다는 느낌으로 드리블해야 한다.

한 시대를 킬러 크로스오버 드리블로 장악한 팀 하더웨이의 뒤를 이어 다음 세대의 크로스오버 아이콘 앨런 아이버슨의 킬러 크로스오버 드리블을 살펴보자.

최근에 많은 농구 선수들이 크로스오버 드리블을 사용하고 보는 이로 하여금 놀라움을 자아내지만 아이버슨의 킬러 크로스오버 드리블만큼 폭발력과 파괴력이 느껴지지 않는다고 한다. 지금도 아이버슨 하면 크로스오버 드리블이라는 공식이 적용되는 이유이다. 기술을 사용할 것을 알면서도 막을 수 없는 대표적인 기술인 마이클 조던의 페이드 어웨이 슛처럼 아이버슨의 킬러 크로스오버 드리블을 막을 수 없었다. 유일하게 막은 건 심판의 휘슬이라는 말이 있을 정도이다. 볼을 들고 있는 순간에 손바닥이 위로 향했다고 판단한 심판이 캐링 더 볼 바이얼레이션을 선언했을 경우 이외에는 아이버슨을 멈추기 어려웠다고 한다. 대부분의 킬러 크로스오버 드리블이 워낙 순식간에 이루어졌기에 휘슬이 불린 경우는 드물었다. 그러면 아이버슨의 드리블은 어떤 특징이 있는 걸까? 업 앤드 다운 동작을 적용하여 자연스럽고 부드러운 유선형으로 몸의 이동을 이끌어내면서 페이크 동작을 한다. 볼을 들고 있는 팔을 지면과 수평으로 만들고 체인지 드리블의 낙차를 최대한 크게 만들어 폭발적인 스피드로 수비수를 돌파하는 것이 특징이다. 볼을 가진 손으로 감는 드리블을 하면서 볼이 바운딩되어 올라오는 타이밍에 맞추어 팔을 뻗은 상태로 업(Up) 파트를 만든다. 그 상태에서 공격을 하고자 하는 방향으로 돌파를 할 것처럼 자세를 낮춰주면서 페이크 동작을 하는 것이 다운(Down) 파트이다. 업(Up) 파트에서 신경을 써야 할 부분은 볼을 가진 팔이 뻗어 있는 상태를 유지하는 것이 가장 중요하다. 손이 커서 한 손으로 볼을 잡을 수 있으면 좋겠지만 나처럼 손이 작은 사람도 이 동작을 할 수 있는 방법이 있다. 동작의 시작인 감는 드리블을 할 때 파워를 충분히 실어주고 업 앤드 다운 동작을 끊김 없이 바로 실행하면 짧은 순간 볼이 손에 붙어 있을 수 있다. 손에서 떨어지기 전에 체인지 드리블을 하면서 볼을 낚아채면 된다. 어려운 동작이지만 많이 반복해서 꼭 익히길 바란다. 계속 반복하면 반드시 된다. 그리고 체인지 드리블에 최대한 힘을 모아서 강하게 볼을 보내야 한다. 아이버슨은 이 동작이 너무 빠르기에 수비수가 대응하기 어렵다. 주목해야 할 점은 체인지 드리블 이후에 볼의 바운딩 지점을 어디로 해야 하는가이다. 양발 사이의 중간 지점에 볼이 바운딩되는 것보다 돌파 진행 방향의 발 앞부분에 최대한 가깝게 바운딩시켜야 한다. 그러면 볼의 줄이 더 길면서 낙차가 큰 크로스오버 드리블이 만들어진다. 중간 지점에 바운딩되는 스피드보다 2배 빠르게 볼을 보내야만 수비수가 대응하기 어려운 타이밍을 만들 수 있다. 팀 하더웨이와 앨런 아이버슨의 킬러 크로스오버 드리블을 당신의 기술로 만들기 위해 알아야 할 포인트를 반복해서 연습하자. 나는 계속 연습했다. 진짜 그들이 된 것처럼 반복하고 또 반복하며 연습했다. 당장 농구 코트로 달려가자. 나도 지금 가려고 한다. 연습에 끝은 없으니까!

# 스텝 백
## Step Back

　　이번에 배울 기술은 농구를 좋아하시는 분들은 많이 알고 있고 따라해 보았을 스텝 백(Step Back)이다. 스텝 백은 스테픈 커리와 제임스 하든이 자주 사용하는 모습을 통해 많은 사람들에게 매력적이고 강력한 기술로 자리 잡았다. 과거부터 존재해 왔던 기술을 현재의 트렌드에 맞게 개선하고 발전시키기 위한 노력이 있고 새롭고 강력한 기술로 재탄생하는 모습을 보면 아주 흥미롭다. 드리블 기술의 끊임없는 발전을 기대하게 되는

이유이다.

스텝 백 기술은 기본적으로 수비수와의 거리를 충분히 확보하여 슈팅을 하는 데 있어 방해되는 요소를 제거하기 위한 목적으로 사용된다. 먼저, 스테픈 커리의 스텝 백 동작에 대해 설명하겠다. 패스를 받아서 슈팅 페이크 모션을 취하게 되면 수비수가 손을 뻗으며 다가오거나 점프를 해서 슈팅을 저지하려 한다. 페이크 모션에 반응하는 순간이 만들어지는 것이다.

이때 옵션이 2가지가 있는데 페이크 동작 이후 빠르게 돌파를 하는 것과 슈팅 펌프 페이크를 통해 수비수가 점프를 했다가 내려오는 타이밍에 점프슛으로 올라가는 것이 있다. 펌프 페이크 동작은 코비 브라이언트가 자주 사용했던 기술이니 영상을 찾아보면 이해가 쉬울 것이다. 설명한 2가지 옵션에서 스텝 백 동작을 추가해서 수비수와의 거리를 기존보다 더 확보하여 노마크 찬스의 슈팅 공간을 만드는 것이 스테픈 커리 스텝 백의 대표적인 움직임이다. 동작을 구체적으로 설명하면 먼저, 펌프 페이크 후 돌파를 진행한다. 수비수가 이에 반응하여 다가오면 신체 접촉이 일어나는 순간이 있다. 몸싸움이 어느 정도 허용이 되는 것이 농구 경기이기 때문에 몸에 힘을 주어 버텨야 한다는 것을 알고 있어야 한다. 돌파하면서 첫 스텝을 밟아주는 순간 강하게 지면을 눌러서 몸을 대각선 뒤쪽 방향으로 이동시킨다. 지면을 강하게 밟아서 탄력을 충분히 받을 수 있도록 해야 한다. 순간적인 돌파가 진행되는 상황에서 급격하게 브레이크를 밟아주는 느낌으로 몸을 멈추게 되면 수비수는 기존의 공격 방향으로 이동하게 되지만 공격을 하는 나의 몸은 수비수와 거리가 멀어지게 된다. 이 찰나의 순간이 스텝 백 기술에 있어서 핵심이다. 공간이 충분히 확보가 되면 평소에 연습했던 자신만의 슈팅 리듬과 안정적인 밸런스로 슈팅을 시도하면 된다. 한 번의 스텝으로 몸을 뒤쪽으로 빠르게 직선 혹은 대각선 방향으로 몸을 보내야 한다는 것을 반드시 기억하자. 한 번의 강력한 스텝이 중요하다.

다음으로는 제임스 하든의 스텝 백을 알아보자. 스

탭 백의 형태는 스텝을 어떤 템포로 사용하느냐에 따라 다양하게 변형을 줄 수 있다. NBA의 대표적인 공격수인 제임스 하든의 훈련 영상을 보면 계속해서 스텝을 변화시키는 모습을 볼 수 있다.

수비수가 막기 어려운 스텝 백 기술을 연구하고 새로운 스텝을 개발해 내는 하든의 열정을 느낄 수 있다. 이러한 과정을 통해 1가지 기술에서 파생되는 응용 기술들이 만들어진다. 제임스 하든의 경우 드리블로 상대 수비수를 자신의 템포와 리듬으로 천천히 끌어당기다가 순간적인 스텝을 사용해서 수비수와의 거리를 멀어지게 만든다. 특징은 스텝을 전광석화와 같은 빠른 속도로 두 번 연속으로 사용한다는 것이다. 순식간에 벌어진 일이다. 수비수를 정면으로 보고 프론트 체인지 드리블 1회, 비트윈 더 레그 드리블을 2, 3회 정도 리드미컬하게 하면서 천천히 수비수에게 다가간다. 순간적으로 앞쪽으로 나가 있는 발의 스텝을 강하고 빠르게 밟으면서 당기는 드리블로 볼을 몸쪽으로 가져온다. 몸이 뒤쪽 방향으로 이동하게 되는 순간, 스텝을 한 번 더 밟아서 더 뒤로 몸을 이동시키는 것이 제임스 하든의 스텝 백이다. 두 번 연속으로 밟는 스텝의 스피드가 굉장히 빠른 것을 보면 얼마나 많은 시간 구슬땀을 흘리며 연습했을지 짐작하게 된다. 결국 기술을 실전에서 사용하기 위해서는 연습만이 유일한 방법이다. 스테픈 커리와 제임스 하든의 스텝 백 기술을 알아보았다. 앞으로도 더욱 개선된 형태의 스텝 백 응용 기술이 개발될 것이다. 당신만의 스텝 백 기술을 만들기 위해 노력해 보자. 나는 이미 시작했다. 연습을 어떻게 하면 재밌게 할 수 있을까? 이러한 고민은 반드시 필요하다. 반복적인 동작이 지루함을 주고 지속하기 힘들겠지만 연습을 즐겁게 할 수 있는 방법을 꾸준히 찾는다면 계속해서 연습을 해나갈 수 있는 원동력이 된다. 그러면 결국 기술은 당신의 것이 되어 있을 것이다. 많은 고민과 노력이 필요하다.

# 스텝
# 사이드

Step Side

먼저 배웠던 스텝 백 기술과 유사한 형태의 스텝 사이드(Step Side)에 대해 알아보자. 스텝 사이드는 오른발 또는 왼발로 지면을 강하게 밟아서 순간적으로 몸을 옆으로 이동시켜 수비수로부터 슈팅 공간을 확보하는 기술이다. 스텝 백 기술과의 차이점은 두 다리가 동시에 공중으로 띄워졌다가 함께 지면으로 착지하는 홉 스텝(Hop Step)을 중심으로 기술이 이루어진다는 점이다. 또한 드리블 기본 파트에서 언급했던 점프 스텝을 활용

한 스텝 사이드 기술도 함께 배울 것이다.

먼저, 감는 드리블을 이용해 한쪽 방향으로 돌파를 할 것 같은 빠르고 강한 페이크를 준다. 그리고 볼을 끌 어당기며 동시에 양발을 짧고 낮게 지면에서 살짝 띄워 준다. 이 부분이 가장 중요하다. 양발이 지면으로 내려 오는 타이밍에 오른발이나 왼발을 선택하여 스텝을 강 하게 밟아 사이드 방향으로 몸을 빠르게 이동시킨다. 이 기술을 사용하면 수비수가 예측하는 방향을 벗어난 움직임이 만들어지기 때문에 수비수를 흔들 수 있다. 페이크 드리블 이후 볼을 당기는 동작으로 만들어지는 탄력을 이용해 몸을 살짝 띄워주는 것을 많이 연습해야 한다.

스텝 사이드 기술은 최근에 은퇴한 전 NBA 선수인 드웨인 웨이드가 즐겨 사용했다. 수비수와 대치된 상태 에서 드리블을 가볍게 치면서 공격 공간과 타이밍을 체 크한다. 그리고 인 앤드 아웃 체인지 드리블을 하면서 몸을 공격 진행 방향으로 띄워주는 점프 스텝을 밟아준다. 이 순간에도 홉 스텝과 동일한 형태로 두 다리를 위치시킨다는 것을 기억해야 한다. 먼저 지면에 닿는 발의 스텝을 강하게 밟아 몸을 순간적으로 더 멀리 옆으로 이동시켜서 수비수가 대처할 타이밍을 주지 않는다. 그리고 노마크 찬스에서 슈팅을 시도한다. 점프 스텝을 더 높게 할수록 슬로우 앤드 퀵 타이밍을 극대화할 수 있다는 것을 알아두자. 짧고 낮게 몸을 띄워줄 때보다 빠르게 또는 느리게 스피드를 조절할 여지가 많다는 점 또한 반드시 알아두길 바란다. 좌우 양방향 모두 가능할 수 있도록 연습해 보자.

# 포스트 업 앤드
# 스핀 무브

## Post Up & Spin Move

상대 수비수를 등진 상태에서 공격하는 포스트 업(Post Up) 동작과 축발을 잡고 회전하는 원심력을 이용해 돌파하는 스핀 무브(Spin Move) 동작으로 이루어진 포스트 업 앤드 스핀 무브(Post Up & Spin Move) 기술이다.

일반적으로 강력한 힘과 큰 키를 가진 센터 포지션 선수들이 주로 사용하는 대표적인 공격법이 포스트 업 (Post Up)이다. 수비수를 정면으로 보는 것이 아니라 오른쪽이나 왼쪽 어깨와 등을 수비수에게 가져가면서 볼을 가진 팔을 몸과 조금 떨어뜨려 위치시킨 상태를 만든다. 포스트 업 자세를 만들고 나서 드리블 바운딩 타이밍에 맞추어 리듬감 있게 수비수를 힘으로 밀어낸다. 골대에 가까워진 위치에 도달했을 때 슛으로 연결하는 것이다. 수비수와의 심리 싸움이 핵심인 기술이다. 일반적인 포스트 업 기술로 슛 동작까지 연결해서 시도하는 과정이 선행되어야 한다. 득점에 성공하는 경우와 슛을 놓치는 경우가 있을 것이다. 득점에 성공하지 못하고 공격권을 상대에게 넘겨주더라도 본격적인 기술을 사용하기 위한 사전 동작이라고 생각하면 된다. 수비수는 앞선 공격에서 포스트 업 플레이를 겪었기 때문에 다음 공격에서 또다시 등을 지는 동작을 취하면 예측 수비를 할 가능성이 커진다. 이 순간이 심리전의 시작이다. 수비수가 포스트 업을 떠올리도록 유도한 것이다. 포스트 업 동작을 만드는 느낌을 전달하면서 완전히 등을 지는 것보다는 살짝 비스듬히 몸을 틀어주고 드리블을 하면서 수비수에게 접근한다. 수비수가 뒤로 물러나면서 자세를 낮추고 한쪽 팔을 이용해 버티는 동작을 만드는 순간, 드리블을 강하게 치면서 몸을 순식간에 회전시키는 롤 턴을 한다. 즉 스핀 무브 동작을 빠르게 시도하는 것이다. 원심력을 최대한 이용할 수 있게 축이 되는 발에 힘을 줘서 지면을 밟고 빠르게 튀어 올라오는 볼을 몸 쪽으로 당겨주어야 수비수가 대응할 타이밍을 주지 않고 돌파가 가능해진다. 등진 상태에서 볼을 강하게 드리블하려는 순간에 이미 반대쪽 손은 볼을 감으면서 낚아챌 준비가 되어 있어야 하고, 바운딩되는 그 순간 몸을 빠르게 회전시킨다는 점을 반드시 기억하자. 찰나의 순간을 포착하는 능력이 기술의 성공을 좌우한다. 반복적인 연습이 필요한 이유인 것이다. 스핀 무브 동작의 경우 턴을 하는 방향을 정하면 반대 방향으로 짧게 동작을 끊어주는 페이크와 함께 사용하게 되면 더욱 강력한 기술이 된다. 엇박자를 만들게 되기 때문에 수비수가 타이밍을 잡기가 어려워진다.

포스트 업 앤드 스핀 무브 동작을 화려한 풋워크와 함께 가장 잘 사용한 선수는 마이클 조던과 더마 더로전이 대표적이다. 포스트 업 동작으로 시작해서 풋워크와 숄더 페이크로 상대 수비수를 흔들어 리듬을 뺏는다. 그리고 수비수가 블로킹 타이밍을 잘 잡고 동시에 점프를 하지만 점점 뒤로 넘어지는 듯한 자세로 슛을 쏘는 페이드 어웨이 슛까지 연결한다. 마이클 조던의 플레이를 보고 있노라면 마치 예술 작품을 감상하는 느낌이 들 만큼 아름답다. 코비 브라이언트가 마이클 조던을 롤 모델로 삼고 조던의 포스트 업 플레이와 풋워크를 수없이 연습하여 자신의 기술로 만들었고, 현재는 시카고 불스 소속의 더마 더로전이 가장 흡사한 모습을 보여주고 있다. 더로전의 연습량도 코비만큼 엄청나다는 건 의심의 여지가 없다. 등을 지고 상대와 몸이 닿았을 때 어깨와 등의 감각을 통해 수비수의 위치와 자세를 확인한다는 마이클 조던의 조언을 반드시 기억해 두길 바란다. 일대일에서 가장 안전한 공격 자세는 포스트 업이라 말할 수 있다. 수비수와 볼 사이에 공격수를 위치시키기 때문에 수비수의 스틸 시도로부터 효과적으로 볼을 지킬 수 있기 때문이다. 볼을 안정적으로 컨트롤할 수 있는 능력과 볼을 지키는 능력은 모든 공격 기술을 구사하기 위해 전제되어야 할 중요한 포인트이다. 포스트 업 동작부터 강력하게 만들자. 그러고 나서 스핀 무브 동작을 연결하는 것이다. 지금까지 살펴본 크로스오버 드리블, 스텝 백, 스텝 사이드, 포스트 업 앤드 스핀 무브 기술은 과거와 현재의 농구 선수들이 실전에 즐겨 사용해 왔고 지금도 사용하는 기술이다. 계속해서 발전되어 갈 기술이기도 하다. 클래식의 가치는 영원하다는 말을 다시금 떠올리게 된다. 반드시 익히고 또 익혀나가야 할 기술임을 기억해야 한다. 이제부터는 이러한 클래식 기술들의 시작점인 스트릿 볼 드리블 기술에 대해 말하려 한다.

CHAPTER 4

STREET
BALL SKILL

농구라는 스포츠를 접하게 되는 경로는 다양하다. 나는 TV 화면을 통해 마이클 조던이 농구하는 모습을 본 것이 시작이었다. 당신은 어떻게 농구를 알게 되었는가? 이 질문을 꺼낸 이유는 지금부터 이야기할 스트릿 볼 드리블 기술을 설명하기 위함이다. 스트릿 볼이라는 명칭은 길거리 농구를 의미하고 농구의 본고장 미국에서 널리 통용되는 단어이다. 세계 최고의 프로농구 리그 NBA에 진출한 많은 선수들이 스트릿 볼을 통해 농구를 시작하게 되고 오랜 시간 스트릿 코트에서 기술과 꿈을 키워왔다는 인터뷰를 접할 수 있다. 개인 기술을 연마할 수 있었던 기회와 장소였던 것이다. 승리라는 목표에 최적화된 심플한 기술이 필요한 상황이 있고, 팬들을 열광하게 만드는 화려한 스킬을 필요로 하는 상황이 함께 존재한다. 어느 한쪽만 치중하는 것은 팀플레이와 개인플레이가 공존하는 농구의 매력을 반감시키게 된다. 하지만 팀플레이를 원활하게 수행하기 위해서는 개인 능력이 일정 수준 이상으로 향상되어야 한다. 개인 기술 훈련이 중요한 이유이다. 스트릿 볼 드리블 기술은 자신이 가진 화려한 기술을 사람들에게 선보이고자 하는 의도가 많이 드러난다. 마치 댄스 배틀에서 춤 동작의 화려함을 겨루는 모습을 보는 것처럼 관중을 열광하게 만드는 순간의 현장감은 농구 경기장을 축제로 만든다. 이러한 문화가 발달해 온 미국의 스트릿 볼 스타일은 2000년대 초반 전 세계로 퍼져나갔다. 나 또한 인터넷을 통해 접하게 된 스트릿 볼러들의 화려한 드리블 기술에 매료되어 드리블을 잘하고 싶다는 생각을 하게 되었다. 자료를 찾고 또 찾아다녔다. 그리고 연습하고 또 연습해서 오늘에 이르게 되었다. 이제 그동안 익혀온 스트릿 볼 드리블 기술 중에서 대표적인 기술들을 알려주고자 한다.

# 팝 업
Pop Up

스트릿 볼 기술 중에서 초급 기술에 해당하는 팝 업 (Pop Up) 기술부터 익혀보자. 팝 업 기술은 드리블을 하다가 볼을 놓쳐서 굴러가는 상황에 더블 드리블 바이얼레이션에 걸리지 않고 다시 드리블을 하기 위해 개발된 기술이다. 손바닥의 엄지와 연결된 아래쪽 둥근 부분으로 볼을 강하게 쳐주는 것이 핵심이다. 볼을 치는 각도가 45도 정도로 만들고 짧게 끊어서 때린다는 느낌으로 쳐줌과 동시에 엄지를 제외한 나머지 손가락 끝부분

으로 볼을 끌어 올린다. 처음 이 기술을 연습할 때는 볼을 강하게 치는 동작으로 인해 볼이 계속 앞쪽으로 굴러가도록 만들어야 한다. 힘을 앞쪽 방향으로 주기 때문이다. 볼에 힘을 가하는 방법이 익숙해지면 힘을 주는 방향을 조금씩 지면을 향하게끔 하여 볼이 제자리에서 떠오르게 만들어 본다. 계속 반복해야 볼이 내가 원하는 만큼 떠오르게 만들 수 있다. 누르고 손가락 끝 마디로 당겨 올린다는 느낌이 중요하다. 손과 볼이 마치 자석처럼 밀착되는 순간을 경험하게 될 것이다.

팝 업을 하는 당신을 지켜보는 사람들도 신기하게 볼 것이다. 주목받는 것을 즐기길 바란다. 그게 스트릿볼의 매력이니까! 이제 난이도를 조금 올려보겠다.

# 아웃사이드 인 드리블

**Out side – In Dribble**

아웃사이드 인 드리블(Out Side – In Dribble)이란 바깥으로부터 안으로 들어오는 드리블을 의미한다. 일반적으로 비트윈 더 레그 드리블은 볼이 다리 사이를 통과하여 바깥쪽으로 나가게 된다. 인사이드 아웃(In Side – Out)이라고 할 수 있다.

아웃사이드 인 드리블은 2가지 타입이 있다. 첫 번째 타입은 돌파가 이루어지는 순간이나 수비수와 대치된 상황에서도 유용한 페이크 동작으로 사용할 수 있다. 아웃사이드 인 드리블에 이어지는 롤 턴이나 한 템포 쉬고 역방향 체인지 드리블로 연결시킬 수 있는 장점이 있는 기술이다. 화려하고 실전에서 유용한 아웃사이드 인 드리블 동작을 자세히 살펴보자. 돌파를 하는 순간에 한 템포 빠른 점프 스텝을 밟아서 몸이 앞쪽으로 지나치게 쏠리지 않도록 만들어 주는 것이 중요하다. 몸의 중심을 잡기 위해 감는 드리블을 사용하여 브레이크를 잡아주는 것도 반드시 기억하자. 감는 드리블로 인해 바깥 방향으로 보낸 볼의 힘을 이용하여 앞쪽에 있는 다리 사이로 아웃사이드 인-비트윈 더 레그 드리블을 연결해 준다. 이 동작은 빠른 스피드로 해야 자연스럽게 연결이 가능하다. '볼을 밀어주고 당겨준다.' 이 말을 떠올리면서 연습하면 타이밍을 익히는 데 도움이 될 것이다.

두 번째 타입은 화려함을 목적으로 사용되는 진정한 스트릿 볼 스타일의 기술이다. 몸의 반동을 이용한다는 것과 팔을 펼쳐서 전체적으로 동작을 크게 만드는 것이 특징이다. 먼저, 감는 드리블을 강하게 해서 볼을 바깥 방향으로 보냈다가 그 힘을 역이용해서 반대 방향으로 빠르게 볼을 손으로 잡은 상태로 이동한다. 이동한 볼을 아웃사이드 인-비트윈 더 레그 드리블로 이어준다. 이 타입의 경우 양팔을 크게 펼치는 동작으로 인해 마치 새가 날개를 펼치는 모습처럼 보인다. 팔을 펼쳤다가 볼을 가져오는 순간에 양손이 크로스 형태가 되

기 때문에 수비수는 순간 볼이 어디로 향하는지 알기
어렵다. 기술을 사용한 이후에 빠른 돌파로 이어지거나
수비수와의 거리를 만들고 나서 완급을 조절하는 동작
으로 연결된다. 한 템포 쉬어주는 퍼포먼스인 것이다.
댄스 배틀을 펼치는 비보이(B-Boy)가 된 것처럼 당신의
기술을 자신감 있게 선보이는 느낌을 가지길 바란다.
스트릿 볼은 화려함이 생명이다.

# 안희욱
# 롤 턴 드리블
## Ahn Hee Wook Roll Turn Dribble

안희욱 롤 턴 드리블(Ahn Hee Wook Roll Turn Dribble)
은 기술 명칭에서 알 수 있는 것처럼 내가 직접 만든 기
술이다. 처음 대면한 수비수에게 사용하였을 때 통하
지 않은 적이 없었다. 그만큼 강력한 드리블 기술이라
생각한다. 이 기술을 만들게 된 경험이 있었다. 여느 때
와 다름없이 동네 고등학생, 대학생 형들과 농구를 하
고 있었다. 중학교 3학년이었던 나는 3 대 3 길거리 농
구대회에 출전하기 위해 준비 중이었고 나보다 키가 크

고 덩치가 큰 형들이 수비를 해주었다. 훈련의 개념이
라 평소보다 더 적극적이고 강한 힘으로 수비를 하는
형들을 감당하기에는 아직 힘이 많이 부족했다. 수비를
롤 턴 동작으로 돌파하려고 드리블을 강하게 치며 스텝
을 밟았다. 그러나 나의 공격 의도를 알아챈 수비가 뒤
로 스텝을 빼면서 물러서는 바람에 정석대로 수비수를
끼고 롤 턴을 하지 못하고 뒤로 물러선 수비수 앞에서
반 바퀴 정도 턴을 하게 되었다. 당황한 나머지 그 공격
은 결국 실패했다. 그렇게 연습이 끝나고 집에서 곰곰
이 생각해 보았다. 기술 노트에 볼이 이동하는 움직임
을 화살표로 그려가면서 어떻게 하면 롤 턴(Roll Turn) 동
작의 예측 수비를 효과적으로 돌파할 수 있을지 방법을
찾고 싶었다. 그렇게 오랜 시간 고민을 거듭하다가 문
득 아이디어가 떠올랐다. 예측 수비를 하여 뒤로 물러
선 수비수 앞에서 반 바퀴 정도 회전하여 롤 턴을 시도
할 거라는 의도를 전달한다. '이것을 페이크 동작으로
사용하면 어떨까?' 하고 생각한 것이다. 수비수의 예측
수비를 역이용하면 좋을 것 같았다. 일종의 미끼 전략
이라고나 할까. 그래서 터닝 스피드도 일부러 늦추면서

예측 수비에 살짝 당황한 듯한 느낌을 전달하는 연기력
도 필요할 것 같았다. 여기까지는 잘 만든 것 같은데 이
후에 연결 동작에 대한 아이디어가 필요했다. 수비수가
뒤로 물러나면서 만들어진 공간을 활용하는 방법을 찾
아야 했다.

포스트 업 동작처럼 등을 진 상태에서 스피드를 극
대화할 수 있는 방법에 대해 생각해 보았다. 자세를 낮
추며 비하인드 백 드리블을 강하게 하여 볼의 위치를
이동시킨다. 이 동작은 수비수의 주목을 끌게 되고 순
간적인 터닝 동작으로 돌파하면 멋진 기술이 될 것 같
았다. 기술 노트에 그려가면서 생각으로 만든 기술을
실제로 움직여 보고 수정해 나가는 과정은 언제나 즐겁
다. 바로 농구 코트로 달려가서 기술을 연습해 보았다.
처음에는 쉽지 않았지만 익숙해지니까 빨리 실전에서
사용해 보고 검증하고 싶어졌다. 이러한 과정을 거쳐
만들어진 이 기술은 나의 가장 강력한 무기가 되었다.
자세히 살펴보면 수비수 앞에서 포스트 업 자세를 만든
다. 하지만 기존의 포스트 업 동작과는 조금 다르게 비

스듬히 자세를 취하는 것이 아닌 수비수에게 나의 뒷모습이 보일 수 있게 완전히 등을 진 상태를 만드는 것이 중요하다. 수비수는 '뭐지?' 하는 반응을 보이는 경우가 많다. 그리고는 자세를 낮추면서 몸의 중심을 낮게 잡아줌과 동시에 빠르고 강한 파워로 비하인드 백 드리블을 한다. 수비수 바로 앞에서 볼이 지나가는 형태가 되기 때문에 드리블 스피드가 느리다면 볼을 가져다 안겨주는 것이 된다. 드리블 스피드를 최대한 빠르게 해야 한다는 것을 기억하자. 그다음으로 바운딩된 볼을 낚아채듯이 감아서 회전력을 충분히 이용해 순간적인 롤 턴을 수비수를 끼고 돌아준다. 돌파가 이루어지고 레이업 슛으로 마무리한다. 특히, 첫 동작을 할 때에는 동작의 스피드를 의도적으로 느리게 하여 수비수의 경계를 느슨하게 만들어야 한다는 것이다. 느린 스피드로 반 바퀴 정도 롤 턴 동작을 만들 때 등지고 선 상태로 짧은 순간 멈춰있는 느낌을 주는 것이 좋다. 바로 다음에 이어지는 동작의 스피드가 극대화되는 효과가 있기 때문이다. 실제로 사용해 보면 정말 짜릿함을 주는 기술이다. 직접 느껴보길 바란다. 나의 경우에는 고등학교 3

학년 때 당시 최고의 프로 농구 선수였던 문경은, 이상민 선수를 직접 만나서 농구할 수 있는 기회가 있었다. 동경했던 프로 농구 선수를 눈앞에서 볼 수 있는 것 자체로 너무나 신기하고 좋았는데 직접 일대일 경기를 할 수 있다니 믿기지 않았다. 농구를 정식으로 배운 적은 없지만 길거리 농구를 해오면서 익힌 기술을 사용해 보고 싶었다. 내가 할 수 있는 모든 기술이 프로 농구 선수에게 통하는지 확인해 보고 싶은 마음이 컸다. 지금도 당시의 상황이 촬영된 유튜브 영상을 보면 그날의 모든 것이 생생하다. 설명했던 롤 턴 드리블을 이상민 선수를 상대로 마지막 기술로 사용하는 것을 볼 수 있다. 슬로우 앤드 퀵 템포를 꼭 인지하길 바란다.

# 스킵 투 마이 루 스무스 턴 드리블

## Skip To My Lou Smooth Turn Dribble

미국 스트릿 볼 레전드로 불리는 스킵 투 마이 루(Skip To My Lou) 레이퍼 앨스턴의 스무스 턴 드리블 (Smooth Turn Dribble)이다. 길거리 농구의 메카 뉴욕에서 가장 유명하며 NBA에 진출까지 한 스트릿 볼 레전드 선수이다. 이 선수의 스무스 턴을 처음 보았을 때 '어떻게 한 거지?' 하고 놀랐던 기억이 있다. 물 흐르듯 부드러운 턴도 인상적이었지만 볼의 이동과 볼을 잡는 손의 사용이 시선을 사로잡는 기술이었다. 기존의 방식

과 달랐고 생각의 틀을 깨는 그의 동작을 보고 많은 영
감을 받았다. 드리블 기술을 대하는 나의 태도와 관념
에 영향을 준 기술이기에 본서를 통해 소개하고자 한
다. 먼저, 수비수 앞에서 가볍게 프리스타일 드리블을
하며 기술을 사용할 타이밍을 잡아간다. 볼이 왼손에
왔을 때 강하게 원 바운드 드리블을 하고 턴 동작을 진
행한다. 일반적인 롤 턴 동작의 경우 볼을 한 번 드리블
하고 다시 한번 더 바운딩되는 지점은 몸이 완전히 회
전을 한 이후에 바운딩이 되지만 이 기술은 롤 턴이 이
루어지는 동시에 다리 사이를 볼이 통과하는 비트윈 더
레그 드리블로 바운딩이 된다. 이 과정이 너무나 부드
럽고 자연스러워 보는 사람으로 하여금 '어? 뭐한 거지
지금?'과 같은 반응을 이끌어 낸다. 기술을 익히는 데
많은 시간이 필요한 어려운 기술이다. 턴이 이루어지고
있는 순간에 볼을 다리 사이로 보내는 과정이 부드럽고
자연스럽게 될 수 있어야 하기 때문이다. 동작을 촬영
해서 보고 또 보면서 수정을 해나갔다. 구분 동작으로
먼저 연습하고 스피드를 점차적으로 올려가면서 기술
을 익혔다. 기술을 연습할 때 휴대폰 카메라로 촬영을

해서 동작을 세부적으로 체크해 나가는 것이 큰 도움이
될 것이다.

이 기술의 가장 핵심은 볼을 가진 손에서 드리블이
시작되어 턴 동작이 완료된 후에도 처음 볼을 보냈던 손
에 볼이 위치한다는 점이다. 스킵 투 마이 루 스무스 턴
을 연속적으로 구사하는 모습을 보면 눈길이 갈 수밖에
없을 정도로 멋지다. 어려운 기술인만큼 기술을 완성했
을 때 느끼는 만족감이 크다는 것을 알려주고 싶다.

# 핫 소스 퀵 앤드
# 슬로우 무브

## Hot Sauce Quick & Slow Move

스트릿 볼 레전드 스킵 투 마이 루 레이퍼 앨스
턴과 함께 스트릿 볼 아이콘인 핫 소스 필립 챔피언
의 기술에 대해 알아보자. 2000년대 초반 세계적인 스
트릿 볼 열풍을 이끈 앤드원 믹스테이프 투어(AND1
Mixtape Tour)의 핵심 크루 멤버인 필립 챔피언 a.k.a 핫
소스(Hot Sauce)의 드리블 스타일은 많은 사람들을 매료
시켰다. 아이버슨을 닮은 외모, 스냅백 모자와 듀렉을
착용하고 힙합 스타일의 4XL 사이즈의 빅 티셔츠 및 무

를 아래까지 내려오는 펑퍼짐한 반바지를 유행으로 만들 정도로 인기가 많았다. 당시 농구를 좋아하는 사람들에게 영향력이 대단했다. 핫 소스의 패션 스타일과 너무나 잘 어울리는 춤을 추는듯한 드리블 기술에 시선을 사로잡힌 나 역시도 그의 패션과 드리블 스타일을 따라 하기 시작했다. 성장 단계마다 영향을 받게 되는 롤 모델들은 저마다의 매력이 있다. 핫 소스처럼 스타일리시하게 나의 드리블 스타일을 표현하고 싶었다. 본서의 사진 자료에서 입고 있는 바지는 2005년 글로벌 앤드원 믹스테이프 투어에 참가해서 지급받은 앤드원 브랜드의 유니폼 반바지이다. 사이즈가 기존의 농구 유니폼 하의 사이즈보다 훨씬 크며 무릎을 덮는다. 개인적으로 짧은 반바지를 입고 드리블을 하면 뭔가 어색함을 느낀다. 옷의 사이즈가 크면 동작이 커 보이는 효과도 있기 때문에 큰 사이즈를 선호하는 경향이 있다. 당시에는 그게 멋이었다. 당신에게 가장 편하고 멋진 스타일을 찾아보는 것도 즐거운 일이다. 이제 드리블 스타일 아이콘 핫 소스의 드리블에 대해 자세히 알아보자. 핫 소스는 퀵 앤드 슬로우(Quick & Slow) 동작을 자유

자재로 사용하는 것이 특징이다. 스피드의 강약을 조절
하는 능력은 강력한 무기가 된다.

　　빠르게 드리블하다가 갑자기 드리블 스피드가 느려
지고 수비수가 이에 반응하면 다시 급격히 빨라지는 루
틴을 반복한다. 이러한 능력은 수비수를 내가 의도하는
타이밍으로 유도할 수 있게 된다. 수비가 막기 힘든 기
술인 이유가 드리블 타이밍이 계속 변하기 때문이다. 자
신이 할 수 있는 최고의 스피드로 프리스타일 드리블
을 한다. 스피드의 한계를 넘어선다는 목표를 가지고 계
속 연습해야 한다. 이점을 늘 염두에 두길 바란다. 최대
한의 드리블 스피드를 만들어야 느리게 드리블을 했을
때 느껴지는 스피드의 격차가 커져서 스피드 조절 범위
가 다양해지기 때문이다. 스피드 조절 범위가 다양하면
어떤 상대를 만나도 자신감을 가질 수 있다. 다음으로는
드리블 연결을 자연스럽게 하는 방법에 대해 살펴보자.
빠르게 프리스타일 드리블을 하다가 비트윈 더 레그 드
리블 스피드를 자연스럽게 줄이기 위해서는 몸 전체에
힘이 많이 들어가야 한다. 슬로우 모션 장면을 보는 느

낌이 들 수 있게 동작을 해주는 것이 중요하다. 스피드를 줄이고 비트윈 더 레그 드리블이 이루어진 이후 다시 드리블 스피드가 빨라지면 수비수가 당황하는 모습을 확인할 수 있다. 실제 경기에서도 드리블 스피드의 완급 조절로 돌파가 이루어지는 모습을 자주 접할 수 있다. 기술을 강하게 만드는 유일한 방법은 연습과 시도이다. 연습을 반복하여 기술을 날카롭게 만들고, 실수를 두려워하지 말고 실전에서 계속 사용해 보아야 진정한 당신의 기술로 거듭날 수 있는 것이다. 많은 수비수를 상대하면서 기술에 대한 반응 데이터를 다양하게 쌓을수록 수비수가 알고서도 막기 힘든 기술을 가질 수 있다. 계속 연습하고 실전에서 과감하게 시도해 보자.

SEC
KEY
POII

# SECRET KEY POINT

CHAPTER **5**

# 아이즈 업 Eyes Up 의 중요성

지금까지 기본 드리블부터 기술까지 다양하게 살펴보았다. 충분하게 시간을 투자해야 하고 조급한 마음을 버려야 한다. 무엇이든 단기간에 이루려고 하면 결과는 만족스럽지 못한 경우를 많이 보게 된다. 차근차근 탄탄하게 기술을 익혀간다는 마음으로 연습하길 바란다.

SECRET KEY POINT 챕터에서는 각 챕터의 드리블과 함께 연습하면 좋을 중요 포인트를 알려주고자 한다. 그 첫 번째로 시선 처리와 관련된 내용이다. 시선 처리는 농구에 있어서 가장 우선적으로 생각해 봐야 할 부분이라고 할 수 있다. 수비수의 움직임과 반응을 볼 줄 알아야 상황에 적합한 선택을 할 수 있으며 팀플레이의 경우에도 팀 동료들의 위치와 이동 경로를 볼 수 있어야 약속된 전술을 실행할 수 있기 때문이다. 드리블에 있어서도 볼의 움직임이 눈에 보여야 심리적으로 안정감을 느낀다. 처음 드리블 연습을 시작할 때는 바닥(플로어)을 보면서 볼 컨트롤 능력을 키우는 것이 필요하다. 바운딩 지점이 어디인지, 정확하게 목표 바운딩 지점으로 볼이 이동하는지 눈으로 확인하면서 연습을 하게 되는 것이다. 하지만 언제까지 시선을 바닥(플로어)에 고정할 수는 없다. 볼 컨트롤이 어느 정도 익숙해지면 시선을 조금씩 위로 올려주는 아이즈 업(Eyes Up) 훈련이 필요하다. 헤드 업(Head Up)이라고도 하는 이 아이즈 업 훈련에 대해 구체적으로 이야기해 보자.

드리블을 하면서 고개를 들어 시선을 정면으로 향하고 이를 지속하는 것은 쉬운 일이 아니다. 자신도 모르게 어느 순간 시선이 아래쪽으로 향해 있는 것을 경험하게 된다. 완전히 고개를 숙여서 볼을 주시하지는 않더라도 수비수의 발 근처를 보거나 힐끗힐끗 시선이 아래로 향했다가 다시 시선을 올려 정면을 보게 되는 것이다. 아이즈 업을 익힌 경우 계속해서 시선은 정면을 주시하고 상황을 인지하게 되며, 변화의 순간을 놓치지 않을 수 있다. 보다 유리하게 플레이를 전개해 나갈 수 있는 것이다. 인지 시간의 차이도 존재한다. 아래를 보던 시선이 위로 향하는 데 걸리는 찰나의 시간과 지속적으로 시선을 정면을 향해 고정하는 경우와의 격차는 상당히 크다. 아이즈 업을 연습할 때 극복해야 할 점은 바로 '어색함'이다. 예를 들어 늘 하던 동작이 아니라 새로운 동작을 익히기 위해 처음으로 시도하게 되면 익숙하지 않아서 동작이 부자연스럽고 어색함을 느끼게 되는 것과 같다. 볼의 움직임이 명확하게 눈에 보이는 것이 익숙하고 안정감을 가져다주었는데 시선을 들어 정면을 향해 고정하게 되면 볼의 형체가 보였다가 안 보였다 한다. 이때 볼을 놓칠 것 같은 불안함이 생기는 것이다. 때문에 다시 시선을 아래로 향하게 된다. 이러한 어색함과 불안함을 극복하는 것이 가장 중요하다. 스킬 트레이닝 도구 중에는 고글 형태로 만들어진 아이즈 업 훈련 도구도 개발되어 있다. 일반적인 고글과 모양은 동일하나 눈 아래쪽 눈두덩 부위에 바닥(플로어)을 보지 못하게 튀어나와 있는 특이한 형태이다. 이 고글을 착용하고 시선을 아래로 향하게 하면 까만 화면을 보는 것처럼 아무것도 보이지 않는다. 습관을 만들 수 있는 보조적인 역할을 하는 것이다. 어색함을 극복하기 위해서는 '볼이 살짝살짝 보이는 것이 익숙하고 안정적인 것이다.'라고 계속해서 자신에게 인식시켜야 한다. 일종의 자기 최면이나 현실왜곡장인 것이다. 또한 정면을 보던 시선을 좌우 방향으로 계속해서 옮겨주며 드리블 동작을 이어가면 시선 자체에 집중하게 되기 때문에 볼의 움직임에 대한 걱정이나 불안감이 줄어들게 된다. 드리블을 잘하기 위해서는 확신이 필요한 것이다. 당신의 볼 컨트롤 능력에 대한 확신 말이다. 모든 드리블 기술을 한 층 더 업그레이드시켜 줄 아이즈 업 훈련을 반드시 병행하자. 아이즈 업이 주는 효과가 탁월함을 느끼게 될 것이다. 눈앞에서 진행되는 상황의 변화를 한순간도 놓치지 않는 것이 얼마나 유리한 위치를 점하게 하는지 말이다.

# 페이크
# 무브

## Fake Move

　마지막으로 이야기할 페이크 무브(Fake Move)는 드리블 기술을 사용하면서 유도하고자 하는 수비수의 반응을 좀 더 확실하게 이끌어 내기 위해 필요한 핵심 기술이다. 모든 드리블 기술은 의도를 가진다. 돌파하기 위해서, 또는 슈팅을 최대한 방해 없는 상황에서 시도할 수 있게 하기 위해서나 수비수 2명, 3명을 붙여서 팀 동료에게 오픈 찬스를 만들어 주기 위해서 등등의 목적이 있는 것이다. 하지만 이런 시도가 한 번에 이루어지면 좋겠지만 수비수의 대응으로 인해 실패하기도 한다. 의도가 보이는 드리블 공격이 예측 수비로 인해 저지당하는 상황을 떠올려 보면 된다. 그래서 페이크 무브가 반드시 필요하다. 대표적인 페이크 무브에는 잽(Jab) 동작과 멈춤 동작인 프리즈(Freeze)가 있다. 순간적으로 움직임을 짧게 끊어주었다가 수비수가 움찔하는 반응이 일어나면 다시 원래 의도한 드리블 기술로 이어가면 되는 것이다. 수비수의 예측 수비에 영향을 주는 역할을 한다. 먼저, 잽(Jab) 동작은 스텝을 사용하는 잽 스텝(Jab Step)이나 몸을 흔들어 주는 잽 쉐이크(Jab Shake) 동작이 있다. 잽 스텝은 볼을 캐치한 상태에서 축발에 힘을 주어 몸을 강하게 고정시킨다. 그리고 볼을 보호하기 위해 반대쪽 발을 축발보다 앞쪽으로 두고 비스듬하게 몸을 틀어주면서 자세를 낮게 잡아준다. 트리플 쓰렛(Triple Threat)이라는 공격의 기본자세를 만들어 주는 것이다. 트리플 쓰렛 자세는 수비수에게 영향을 주는 공격을 하기 위한 준비의 의미가 있다. 패스, 슛, 드리블 돌파 이 3가지 동작을 연결하기 위한 안정적인 자세인 것이다. 미국 스킬 트레이너나 코치들의 영상 또는 농구 교본을 보면 이 자세를 기본 훈련에 포함시키고 강조하는 것을 알 수 있다. 트리플 쓰렛 자세를 잡고 축발을 고정시킨 상태에서 이동이 자유로운 반대쪽 발로 잽 스텝을 구사하는 것이다. 공격을 할 것처럼 스텝을 처음 놓여 있던 위치보다 살짝 앞쪽으로 빠르게 이동해서 지면을 꾹 밟아준다. 농구화의 밑창과 체육관 바닥(플로어)의 마찰음이 발생되면 소리 또한 훌륭한 페이크가 된다. 정말 돌파를 할 것 같은 느낌을 수비수에게 전달할 수 있기 때문이다. 잽 스텝에 수비수가 영향을 받았다는 판단이 들 정도로 반응이 감지되면 원래 의도한 드리블 돌파를 강력하게 사용할 수 있다. 잽 쉐이크(Jab Shake) 동작은 감는 드리블을 낮고 빠르게 2회 연속으로 해주면서 좌우 방향으로 몸을 흔들어주는 형태의 페이크 무브이다. 잽 스텝보다는 좀 더 동작이 크고 화려한 면이 있다. 복싱의 경우로 말하자면 카운터펀치를 날리기 위해 기회를 만들어 주는 짧고 빠르며, 가볍게 날리는 잽(Jab)을 떠올리면 이해하기 쉬울 것이다. 드리블의 시작 부분에서, 또는 드리블 중간중간에 잽 동작을 사용하는 연습을 많이 하길 바란다. 수비수를 흔드는 재미를 알게 될 것이다. 타이밍을 뺏을 수 있기 때문이다. 당신의 드리블이 더욱더 강력해질 수 있도록 날카로운 잽 스텝과 잽 쉐이크를 기억하자.

　다음으로 알아볼 페이크 무브는 멈춤 동작이다. 이 동작이 무엇이고 어떻게 연습해야 하는지 본서에서 이미 언급하였다. 멈춤 동작 파트를 다시 한번 보길 바란다. 본 파트에서는 SECRET KEY POINT로서의 멈춤 동작 활용에 대해 이야기하겠다. 먼저, 비보이(B-Boy)들의 댄스 배틀 장면을 떠올려 보자. 수많은 관중들에게 둘러싸인 공연장에서 서로를 노려보며 서 있는 댄서 2명이 있고, 몸 전체가 떨릴 정도로 쿵쾅거리는 강렬한 비트가 흘러나오는 순간 상대를 압도하기 위한 화려한 무브가 시작된다. 모두가 시선을 고정한 채 숨죽이며 댄서들의 춤과 리듬에 빠져들게 된다. 리드미컬한 동작을 해오던 댄서가 갑자기 정지 화면처럼 프리즈(Freeze) 무브를 선보이는 순간 공연장의 모든 관중들의 입에서는 "와아" 하는 탄성이 터져 나온다. 박수와 함성을 충분히 느낀 댄서는 멈췄던 동작을 풀어 다시금 댄스를 이어간다. 이 장면이 그려지는가? 드리블을 하면서 중간

중간에 강력한 멈춤 동작을 하면 방금 묘사한 댄스 배틀 장면처럼 수비수와 관중에게 놀라운 순간을 경험하게 한다. 감는 드리블로 한쪽 방향을 향해 페이크를 준 다음 당기는 드리블을 사용해 볼을 몸 쪽으로 끌어당긴다. 이때 양손으로 볼을 잡는 것처럼 동작을 만든다. 슛을 시도할 것이라는 예측 수비를 한 수비수가 블로킹을 하려고 다가오며 점프를 하는 순간, 손을 볼 가까이 가져가기만 하고 실제로 볼을 잡지는 않는 멈춤 동작이 짧은 순간 사용된다. 골대를 바라보며 슈팅을 올라가기 직전의 모습으로 몸동작 전체를 짧은 순간 멈춰주는 것이다. 이후 수비수가 당황한 틈을 놓치지 않고 빠른 스피드로 돌파한다. 현존 NBA 최고의 드리블러 카이리 어빙의 드리블 돌파 장면에서 자주 볼 수 있는 장면이다. 관련 영상을 찾아보길 바란다. 페이크 무브의 꽃이라 말할 수 있는 멈춤 동작은 실전에서 타이밍을 찾기 위해서 무수히 시도하고 많은 시행착오를 각오해야 한다. 한 번에 성공하는 경우는 굉장히 드물다. 그만큼 타이밍을 맞추는 데 어려움이 있는 기술이기 때문이다. 하지만 계속해서 여러 수비수를 상대로 시도하는 과정을 거치다가 타이밍이 맞게 사용하게 되는 순간! 평생 잊을 수 없는 짜릿함을 선물 받게 될 것이다. 반드시 느껴보길 바란다.

　이제 진짜 연습을 하러 코트로 달려가자. 드리블을 멋지게 하는 업그레이드된 당신의 모습을 기대한다. 나에게 이메일(ahngun1@naver.com)로 드리블 훈련 영상을 보내주길 바란다. 당신에게 도움이 될 수 있는 피드백을 할 것이다. 나는 당신의 드리블 스킬 트레이너이다.

에필로그

　　움직임을 영상이 아닌 글로 표현하는 것은 쉽지 않은 작업이었다. 드리블 동작을 연속되는 사진과 자세한 설명으로 당신에게 잘 전달하고 싶었다. 무수히 반복했던 움직임을 구체적으로 분석하는 과정을 통해 글을 쓰는 동안 다시금 처음 드리블 연습을 했던 시간으로 되돌아간 느낌을 받았다. 그저 드리블을 잘하고 싶어서 농구공을 튕기던 10살 무렵부터 길거리 농구대회에 출전하기 위해 기술을 만들어서 나름 강도 높은 훈련을 했던 시간, 힙후퍼로 활동하며 전국의 길거리 농구 코트와 대회를 찾아다녔던 20대의 나의 모습은 늘 농구공과 함께였다. 그때부터 지금까지 변함없이 주위 사람들에게 듣는 말처럼 '농구에 미친 놈, 드리블만 주구장창 파고든 놈' 그게 나다. 30대의 시작과 함께 농구 선수들의 드리블 실력 향상을 위해 노력해 온 10년의 시간까지 이 모든 시간의 결과물을 당신에게 선보이게 되었다. 드리블 연습은 끝이 없고 드리블 기술의 발전은 계속된다는 믿음으로 써 내려간 이 책을 선택해 준 당신에게 많은 도움이 되길 바란다. 깨끗하게 읽고 책장에 두는 책이 되지 않길 바란다. 기본 드리블 드릴 세트 200 기록지에 당신의 드리블 기록을 적고, 스킬 노트에 당신의 드리블 기술을 그려보자. 이 책을 마음껏 쓰길 바란다. 당신만의 드리블 스킬북이 되면 더없이 좋을 것 같다.

끝까지 읽어준 당신에게 진심을 다해 감사한 마음을 전한다.

# 기본 드리블 드릴 세트 200 기록지 <sup>★</sup> Day/Week

## Basic Dribble Drill Set 200 Record

**★ DAY**

---

## SKILL TRAIN Basic Dribble Record

| 드리블 항목 | 구분 | 시간(초) | 시간(초) | 시간(초) | 시간(초) | 시간(초) |
|---|---|---|---|---|---|---|
| **Basic Dribble Drill 200** | **Athlete** | **1차** | **2차** | **3차** | **4차** | **5차** |
| 프론트 체인지 드리블 | 50회 | | | | | |
| 비트윈 더 레그 드리블 | 오른 50회 | | | | | |
| | 왼쪽 50회 | | | | | |
| 비하인드 백 드리블 | 50회 | | | | | |
| 기본 드리블 드릴 200 | 200회 | | | | | |

| 드리블 항목 | 구분 | 시간(초) | 시간(초) | 시간(초) | 시간(초) | 시간(초) |
|---|---|---|---|---|---|---|
| **Basic Dribble Drill 200** | **Athlete** | **1차** | **2차** | **3차** | **4차** | **5차** |
| 프론트 체인지 드리블 | 50회 | | | | | |
| 비트윈 더 레그 드리블 | 오른 50회 | | | | | |
| | 왼쪽 50회 | | | | | |
| 비하인드 백 드리블 | 50회 | | | | | |
| 기본 드리블 드릴 200 | 200회 | | | | | |

| 드리블 항목 | 구분 | 시간(초) | 시간(초) | 시간(초) | 시간(초) | 시간(초) |
|---|---|---|---|---|---|---|
| **Basic Dribble Drill 200** | **Athlete** | **1차** | **2차** | **3차** | **4차** | **5차** |
| 프론트 체인지 드리블 | 50회 | | | | | |
| 비트윈 더 레그 드리블 | 오른 50회 | | | | | |
| | 왼쪽 50회 | | | | | |
| 비하인드 백 드리블 | 50회 | | | | | |
| 기본 드리블 드릴 200 | 200회 | | | | | |

## Basic Dribble Record Drill Set 200

| 1주 | 시간(분) | 메모 |
|---|---|---|
| 월 | | |
| 화 | | |
| 수 | | |
| 목 | | |
| 금 | | |
| 토 | | |
| 일 | | |

| 2주 | 시간(분) | 메모 |
|---|---|---|
| 월 | | |
| 화 | | |
| 수 | | |
| 목 | | |
| 금 | | |
| 토 | | |
| 일 | | |

## **Basic Dribble Record** Drill Set 200

| 3주 | 시간(분) | 메모 |
|---|---|---|
| 월 | | |
| 화 | | |
| 수 | | |
| 목 | | |
| 금 | | |
| 토 | | |
| 일 | | |

| 4주 | 시간(분) | 메모 |
|---|---|---|
| 월 | | |
| 화 | | |
| 수 | | |
| 목 | | |
| 금 | | |
| 토 | | |
| 일 | | |

## Basic Dribble Record Drill Set 200

| 5주 | 시간(분) | 메모 |
|---|---|---|
| 월 | | |
| 화 | | |
| 수 | | |
| 목 | | |
| 금 | | |
| 토 | | |
| 일 | | |

| 6주 | 시간(분) | 메모 |
|---|---|---|
| 월 | | |
| 화 | | |
| 수 | | |
| 목 | | |
| 금 | | |
| 토 | | |
| 일 | | |

## Basic Dribble Record Drill Set 200

| 7주 | 시간(분) | 메모 |
|---|---|---|
| 월 | | |
| 화 | | |
| 수 | | |
| 목 | | |
| 금 | | |
| 토 | | |
| 일 | | |

| 8주 | 시간(분) | 메모 |
|---|---|---|
| 월 | | |
| 화 | | |
| 수 | | |
| 목 | | |
| 금 | | |
| 토 | | |
| 일 | | |

## Basic Dribble Record Drill Set 200

| 9주 | 시간(분) | 메모 |
|---|---|---|
| 월 | | |
| 화 | | |
| 수 | | |
| 목 | | |
| 금 | | |
| 토 | | |
| 일 | | |

| 10주 | 시간(분) | 메모 |
|---|---|---|
| 월 | | |
| 화 | | |
| 수 | | |
| 목 | | |
| 금 | | |
| 토 | | |
| 일 | | |

## **Basic Dribble Record** Drill Set 200

| 11주 | 시간(분) | 메모 |
|------|----------|------|
| 월 | | |
| 화 | | |
| 수 | | |
| 목 | | |
| 금 | | |
| 토 | | |
| 일 | | |

| 12주 | 시간(분) | 메모 |
|------|----------|------|
| 월 | | |
| 화 | | |
| 수 | | |
| 목 | | |
| 금 | | |
| 토 | | |
| 일 | | |

## Basic Dribble Record Drill Set 200

| 13주 | 시간(분) | 메모 |
|------|----------|------|
| 월 | | |
| 화 | | |
| 수 | | |
| 목 | | |
| 금 | | |
| 토 | | |
| 일 | | |

| 14주 | 시간(분) | 메모 |
|------|----------|------|
| 월 | | |
| 화 | | |
| 수 | | |
| 목 | | |
| 금 | | |
| 토 | | |
| 일 | | |

나도 안희욱처럼
드리블 잘하고 싶다

초판 1쇄 발행  2023. 8. 7.

**지은이**  안희욱
**펴낸이**  김병호
**펴낸곳**  주식회사 바른북스

**편집진행**  김재영
**디자인**  김민지

**등록**  2019년 4월 3일 제2019-000040호
**주소**  서울시 성동구 연무장5길 9-16, 301호 (성수동2가, 블루스톤타워)
**대표전화**  070-7857-9719 | **경영지원**  02-3409-9719 | **팩스**  070-7610-9820

•바른북스는 여러분의 다양한 아이디어와 원고 투고를 설레는 마음으로 기다리고 있습니다.

**이메일**  barunbooks21@naver.com | **원고투고**  barunbooks21@naver.com
**홈페이지**  www.barunbooks.com | **공식 블로그**  blog.naver.com/barunbooks7
**공식 포스트**  post.naver.com/barunbooks7 | **페이스북**  facebook.com/barunbooks7

ⓒ 안희욱, 2023
**ISBN** 979-11-93127-72-8 03690